YITU DUDONG
JIANCHA GONGZUO

图说检察·2015
一图读懂检察工作

最高人民检察院新闻办公室

中国检察出版社

编制说明

2015 年，全国检察机关深入学习贯彻党的十八大和十八届三中、四中、五中全会精神，以及习近平总书记系列重要讲话精神，紧密依靠各级人大、政协及社会各界的有力监督、支持和帮助，紧紧围绕协调推进"四个全面"战略布局，忠实履行法律监督职责，扎实推进检察改革，持续加强自身建设，各项检察工作取得了新进展新成效。为了更好地接受全国人大代表、全国政协委员的监督和检阅，便于社会各界进一步了解、理解、支持检察工作，我们编制了《图说检察·2015》年度检察读本。全书共分"民生""反腐""大局""平安""公正""改革""公开""规范""队伍""监督"和"保障"11 个篇章，每个篇章下设若干专题，围绕社会关注的法治热点和检察工作重点，以图表、图示并配以文字的形式，力图简明生动地反映一年来检察工作创新发展的轨迹。同时，为进一步深化检务公开、加强普法宣传，书中辅以相关检察职能和法律知识介绍。

由于时间仓促，图书编制工作中还存在诸多不足之处，敬请各位代表委员和读者朋友批评指正。

最高人民检察院新闻办公室

2016 年 1 月

C目录
Contents

P001
民生篇

P016
反腐篇

P084
改革篇

P100
公开篇

P112
规范篇

P124
队伍篇

P140
监督篇

P150
保障篇

民生篇

规范司法惠民生，一枝一叶总关情。

2015年，全国检察机关以司法办案为中心，

严肃查办发生在群众身边、危害群众利益的各类犯罪，

保护民生民利，倾听民众诉求，

为人民群众的安居乐业提供坚实的法治保障。

加强生态环境司法保护
呵护美丽中国

　　良好的生态环境离不开法治的保障和护航。保护青山绿水，检察机关责无旁贷。2015年3月，最高检在全国检察机关部署开展了以打击破坏环境资源犯罪为重点的专项立案监督活动，并结合查办危害生态环境职务犯罪专项工作，积极回应广大人民群众要求加强环境司法保护的呼声和诉求。

① 检察职责

　　督促行政执法机关及时移送涉嫌犯罪案件，对公安机关应当立案而不立案的情形进行立案监督，审查逮捕并对公安机关的侦查活动进行监督，审查起诉、提起公诉和审判监督，立案侦查案件背后的国家工作人员职务犯罪，对民事、行政案件有错误的生效裁判提出抗诉

② 办案情况

　　坚持依法从严打击原则，认真履行批捕起诉职能，坚决惩治盗伐滥伐林木、非法采矿、非法采砂、非法占用农用地、偷排偷放、非法排放有毒有害污染物等多发性破坏生态环境的刑事犯罪

　　依法及时介入重大环境污染事故，深挖破坏环境资源现象背后的职务犯罪线索，严查国家工作人员索贿受贿、失职渎职等犯罪

　　加强对环境保护执法司法活动的法律监督。依托行政执法与刑事司法衔接工作机制，会同有关部门，对破坏环境资源类案件线索的受理、立案、查处等情况进行集中排查，坚决监督纠正有案不移、有案不立和以罚代刑等问题

2015年1月至11月

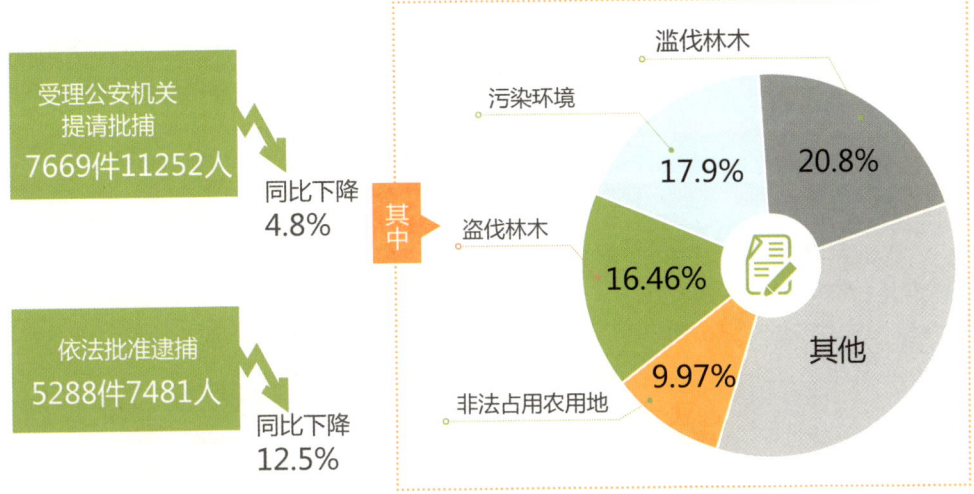

受理公安机关
提请批捕
7669件11252人

同比下降
4.8%

依法批准逮捕
5288件7481人

同比下降
12.5%

其中

滥伐林木
20.8%

污染环境
17.9%

盗伐林木
16.46%

非法占用农用地
9.97%

其他

污染环境案件批准逮捕犯罪嫌疑人1340人

同比下降
20.1%

3 办案重点

（1）强化立案监督

针对环境保护领域存在的行政执法与刑事司法脱节、法律威慑力不够的现象，检察机关通过开展专项立案监督、挂牌督办等方式，强化对破坏环境资源犯罪的立案监督，重点监督纠正有案不移、有案不立、以罚代刑等问题

（2）强化职务犯罪案件查办

结合"查办和预防发生在群众身边、损害群众利益职务犯罪"专项工作，检察机关深入摸排职务犯罪案件线索，确保每一起生态环境领域职务犯罪案件都得到严肃查处

（3）强化地域特色

检察机关紧密结合地方实际，部署开展有特色的"小专项"活动，如惩治国企国资管理领域犯罪、查办农村基层组织人员职务犯罪、查处环境污染渎职犯罪等，整合资源力量，推动生态环境司法保护的全面开展

造成严重损害后果、恶劣社会影响的环境污染事件背后的国家机关工作人员不作为、乱作为等渎职犯罪

在环保审批、环境监管、环境执法等环节中发生的内外勾结、贪渎交织的职务犯罪

重点查办

国家机关工作人员充当环境污染企业和环境污染犯罪"保护伞",徇私舞弊不移交刑事案件的渎职犯罪

国家机关工作人员落实国家环保政策不力,挪用、挤占、私分国家环保专项资金,致使环保专项资金损失、流失的渎职犯罪

4 典型案件

甘肃检察机关查办的腾格里沙漠污染事件背后2名环保部门工作人员渎职犯罪案件

河北省衡水市污水处理费稽征所所长李来丽滥用职权不征、少征城市污水处理费的渎职犯罪案件

浙江省宁波市港航局原党委书记、副局长冯华滥用职权,长期放纵码头违法经营、偷排建筑渣土(泥浆),造成重大经济损失和人员伤亡的渎职犯罪案件

5 公益诉讼试点

公益诉讼试点

最高检提请全国人大常委会授权,在部分地区开展为期两年的提起公益诉讼试点工作。

试点工作牢牢抓住公益这个核心,重点关注生态环境和资源保护、国有资产保护、国有土地使用权出让、食品药品安全等领域侵害国家和社会公共利益的案件。

严惩危害食品药品安全犯罪
保卫舌尖上的安全

民以食为天，食以安为先。食品药品安全关乎人民群众切身利益，关乎社会和谐稳定。2015年以来，全国检察机关依法办理了一批危害食品药品安全的刑事案件，有力打击了各类危害食品药品安全的违法犯罪活动。

1 检察机关如何打击危害食品药品安全犯罪

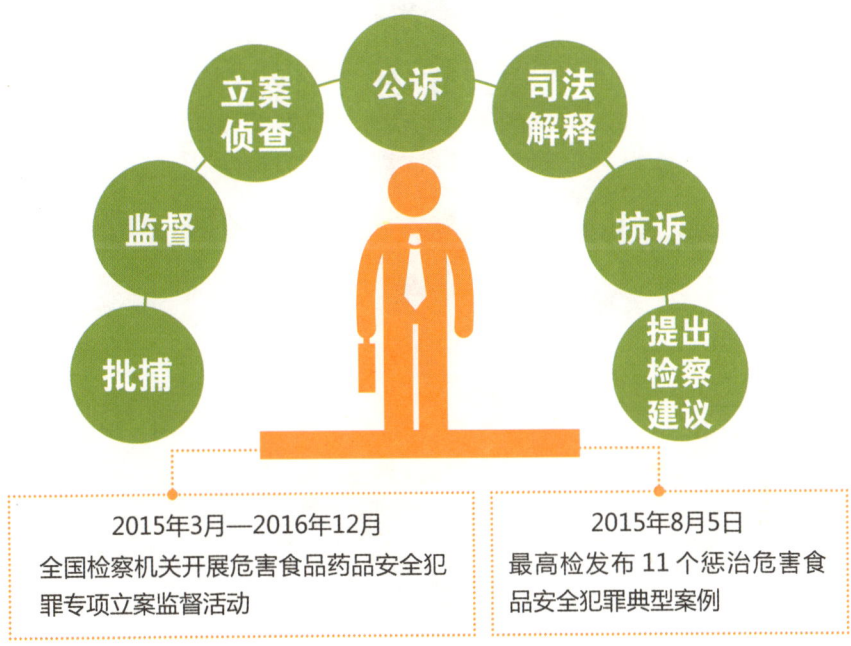

2015年3月—2016年12月
全国检察机关开展危害食品药品安全犯罪专项立案监督活动

2015年8月5日
最高检发布 11 个惩治危害食品安全犯罪典型案例

2 重拳出击

办案

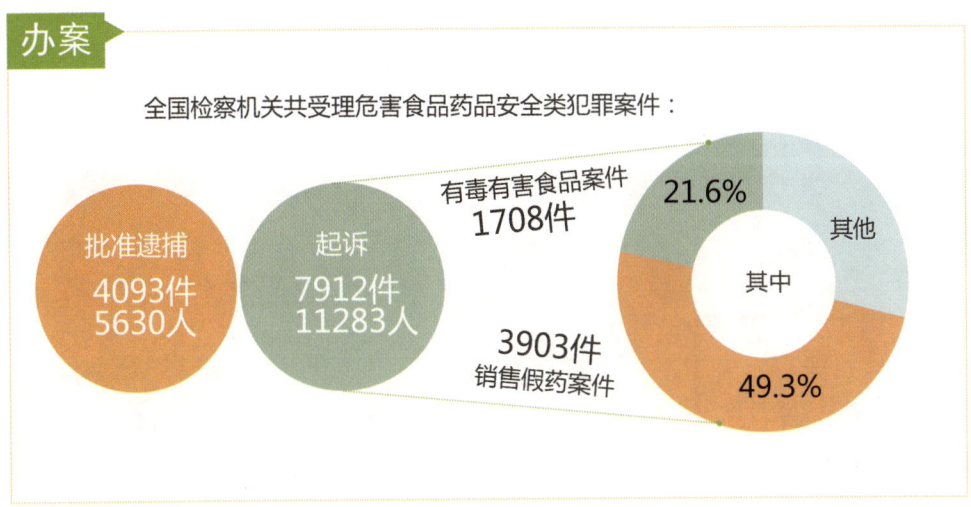

全国检察机关共受理危害食品药品安全类犯罪案件：

批准逮捕
4093件
5630人

起诉
7912件
11283人

有毒有害食品案件
1708件

3903件
销售假药案件

其中

21.6%

其他

49.3%

严查"保护伞"

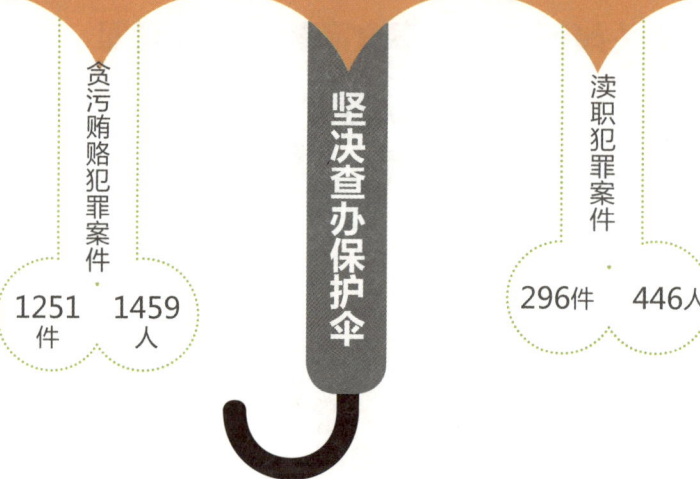

检察机关一方面依托专项行动，从立案监督的案件中查找藏身于背后的权力"保护伞"；另一方面，及时介入重大食品药品安全事件调查，依法查处事件背后的失职渎职等职务犯罪，惩处食品安全和医药卫生领域"害群之马"，促进形成最严格的安全监管体系。

坚决查办保护伞

贪污贿赂犯罪案件
1251件 1459人

渎职犯罪案件
296件 446人

督导

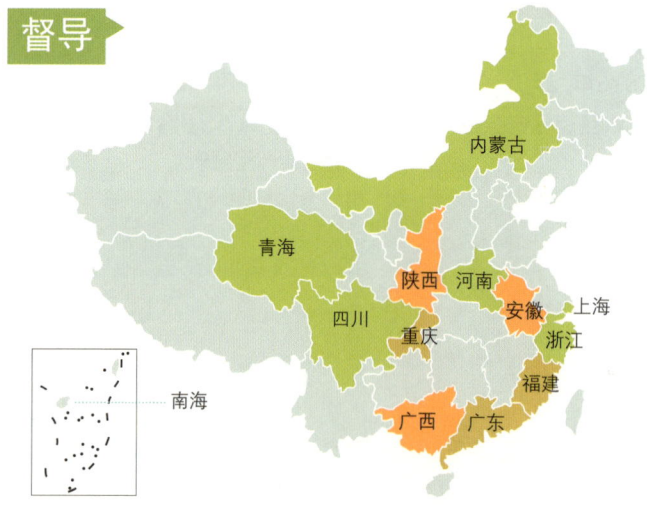

内蒙古
青海
陕西
河南
四川
安徽
上海
重庆
浙江
福建
广西
广东
南海

2015年7月至11月，最高检侦查监督厅牵头组成8个督导组，先后对上海、浙江、内蒙古、福建、四川、青海、广东、重庆、河南等地检察机关开展专项督导检查；广东、广西、陕西、福建、安徽、重庆等地也分别对下开展了多次督导检查。

最高检挂牌督办

2015年3月以来，最高检挂牌督办危害食品药品安全犯罪案件81起，广州走私冻牛肉案、从日本疫区采购牛肉走私入境并销售17余吨的特大跨境销售不符合安全标准的食品案等一批大案要案，被广东、上海、四川、安徽等地检察机关挂牌督办

惩防涉农职务犯罪
把党和政府支农惠农政策落到实处

为充分发挥检察职能作用，有力惩治和预防惠农扶贫领域职务犯罪，保障新时期"三农"和扶贫工作政策措施的有效落实，2015年7月至2017年7月，全国检察机关开展为期两年的集中惩治和预防惠农扶贫领域职务犯罪工作。

1 办案情况

2013年至2015年11月，全国检察机关共查办涉农扶贫领域职务犯罪35240人，占同期检察机关立案查办职务犯罪总人数的22.3%。

35240人

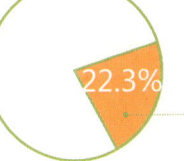

22.3%

涉农扶贫领域职务犯罪

占同期立案查办职务犯罪总人数

2 涉农扶贫领域职务犯罪四个新特点

01 "小官涉贪"明显

一些省份村"两委"负责人犯罪案件在整个涉农扶贫领域职务犯罪案件中占比较高

02 窝案串案严重

一些涉农扶贫领域职务犯罪的查处，往往是突破一案，带出一串，端掉一窝

03 贪污侵吞突出

2013年至2015年11月，检察机关在涉农扶贫领域共查办贪污犯罪29169人，占该领域职务犯罪涉案总人数的82.8%

04 发案环节集中

检察机关查办的发生在**涉农资金管理使用环节**案件有18235人，占涉农职务犯罪案件总人数的51.7%。检察机关在**涉农扶贫领域共查处渎职侵权犯罪**5349人，占涉农扶贫职务犯罪总人数的15.2%

③ 办案重点

1 工作重心

集中查办一批影响惠农和扶贫政策落实，损害农民群众利益的贪污贿赂、渎职侵权等职务犯罪案件，大力开展涉农职务犯罪预防，积极推动涉农惠民和扶贫资金管理制度、监督机制的健全完善，促进农村基层法治建设，促进乡村治理机制的创新和完善，维护农村社会和谐稳定

2 重点人员

涉农和扶贫职能部门、乡镇党政机关工作人员和村级"两委"干部、村民小组长、会计等农村基层组织人员

四个重点

3 重点环节

严肃查办发生在农业发展建设、支农惠农和扶贫资金、专项补贴的项目申报、审核审批、发放管理、检查验收、项目实施等环节的职务犯罪案件

4 重点案件

支农惠农财政补贴中的职务犯罪案件、农村基础设施建设中的职务犯罪案件、农村社会事业领域的职务犯罪案件、农村"两委"和基层人大代表选举中的贿选、破坏选举等职务犯罪案件

三优先 优先查办三种情形的职务犯罪案件

一是犯罪金额巨大、损失严重的职务犯罪案件

三是惠农扶贫资金审核管理发放或项目审批过程中发生的优亲厚友、滥用职权、徇私舞弊或严重不作为、玩忽职守，导致资金被挪用、骗取、套取、挥霍等渎职犯罪案件

二是犯罪金额虽不大，但情节恶劣、涉及面广、危害利益众多，易诱发群体性事件、影响农村和谐稳定的职务犯罪案件

④ 犯罪预防：加强事前防范，实施精准预防

结合重大典型案例特别是群众身边案例，突出对涉农扶贫职能部门工作人员和村"两委"成员等开展警示教育和法治宣传，深入进行犯罪分析，开展职务犯罪风险点排查

针对"三农"和扶贫工作中存在的漏洞和制度缺陷，积极向党委政府及相关部门提出对策建议，推动管理制度机制完善和创新，推动农村防治腐败长效机制建设

积极推动建立涉农扶贫项目资金的阳光运行机制，强化科技应用，在涉农扶贫领域的工程项目以及村委换届中，检察机关普遍推广行贿犯罪档案查询制度

组织开展"法治照亮农村，廉洁促进和谐"专题预防职务犯罪活动，通过开展预防职务犯罪巡回宣讲、开展专项预防、实行预防项目负责制等，增强工作实效

⑤ 典型案例

最高检
发布**5**起
检察机关查办和预防涉农扶贫领域职务犯罪典型案例

北京通州区马驹桥镇残联黄起明、通州区残联孙喜春玩忽职守案

吉林长岭县长岭镇东升村原党支部书记董德友贪污案

江西宜黄县民政局原副局长黄健儿受贿、贪污、玩忽职守案

广西上林县扶贫开发办公室原主任周德刚贪污、受贿案

云南丘北县温浏乡政府原秘书余勇贪污案

网上信访和远程视频接访
节约司法资源 方便人民群众

　　控告申诉举报权利是宪法赋予公民的基本权利。十八届四中全会提出"强化诉讼过程中当事人和其他诉讼参与人的知情权、陈述权、辩护辩论权、申请权、申诉权的制度保障","增强全社会尊重和保障人权意识,健全公民权利救济渠道和方式"。检察机关采取多种措施保障公民依法按程序表达诉求、反映问题。

1 制度规范

　　先后出台《最高人民检察院关于进一步加强新形势下涉法涉诉信访工作的意见》、《人民检察院受理控告申诉依法导入法律程序实施办法》、《人民检察院司法瑕疵处理办法(试行)》等规范性文件。完善审查受理、依法导入工作。对于检察机关的司法瑕疵,单独或者合并适用说明解释、通知补正、赔礼道歉、司法救助等措施予以补正

2 工作原则

保障诉权

分类导入

及时高效

诉访分离

统一受理

③ 拓宽渠道

在原有信、访、网、电四位一体的基础上，正在拓宽以下渠道：

信、访、网、电四位一体

加快远程视频接访系统建设进度
制定《最高人民检察院远程视频接访办法（试行）》、《最高人民检察院控告检察厅远程视频接访工作实施细则（试行）》等规定，促进远程视频接访常态化、经常化

稳步推进网上信访系统建设
实现网上受理、网下办理、网上答复

积极推进综合性受理平台建设
整合来信、来访、电话、网络、视频等诉求表达渠道，推进集控告、举报、申诉、投诉、咨询、查询于一体的综合性受理平台建设

④ 基本情况

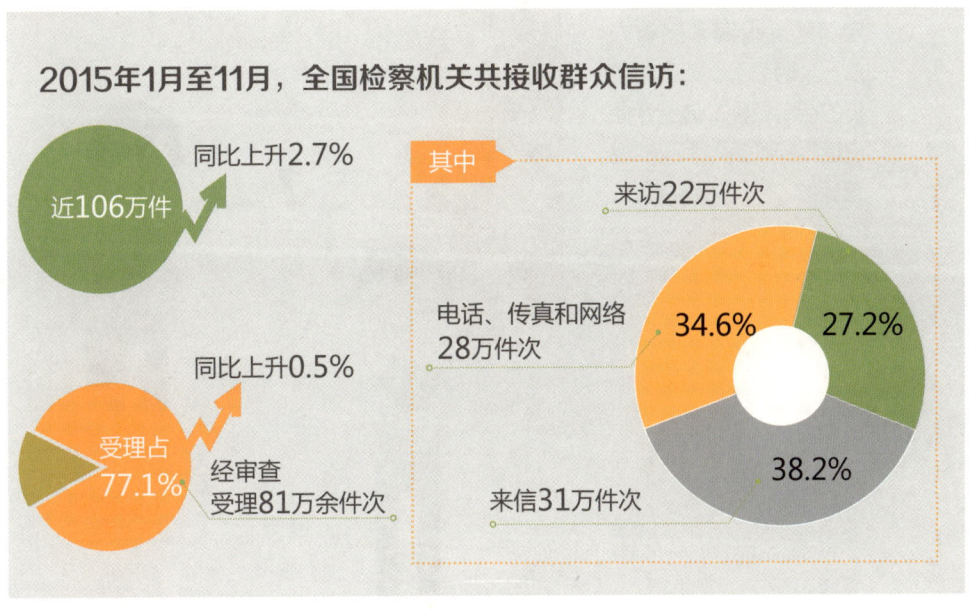

2015年1月至11月，全国检察机关共接收群众信访：

同比上升2.7%
近106万件

同比上升0.5%
受理占77.1%
经审查受理81万余件次

其中
来访22万件次
电话、传真和网络28万件次
34.6%   27.2%
38.2%
来信31万件次

5 经验做法

1 重视系统建设

北京、天津、河北、山西、内蒙古、吉林、黑龙江、江苏、安徽、山东、湖南、广西、海南、云南、贵州、宁夏等16个省级院，在检察长亲自过问、积极推动下，目前已全面完成建设。全国共3145个检察院实现四级院互联互通

2 积极投入使用

最高检带头加强应用，江苏、黑龙江、广西等省级院检察长或副检察长，亲自通过远程视频接访系统接谈群众，树立正确工作导向，有效把矛盾纠纷化解在基层，避免越级赴省进京访的发生。2015年1月至11月，全国检察机关共应用2033件次

3 开展应用宣传

内蒙古、贵州等省级院积极通过"两微一端"等新闻媒体，进行多角度、全方位宣传，并制作下发了便于群众理解的告知卡，进一步增强了信访群众对远程视频接访的认知认同和自觉应用

4 健全制度规范

内蒙古、江苏等省级院结合工作实际，制定了《远程视频接访办法》，明确了远程视频接访的启动条件，进一步促进远程视频接访系统的规范运作

司法救助
体现人文关怀 保障公平正义

通过开展司法救助，既让案件当事人和社会弱势群体真切感受到党和政府的关怀，化解社会矛盾，又增强了司法亲民性，提升了司法公信力。

1 工作意义

彰显党和政府的温暖

有利于服务和改善民生

司法救助

体现司法人文关怀

保障社会公平正义

有利于完善社会保障体系

加强对弱势群体的扶助

2 各地行动

江苏

江苏省南京市建邺区检察院开创"双向救助"机制，对符合条件的刑事被害人在给予经济救助的同时，针对不法侵害给当事人造成的心理打击，由取得国家心理咨询师资质的控申人员面对面实施个性化心理辅导，帮助被害人尽快走出不法侵害造成的心理阴影

浙江省检察机关在落实建立国家司法救助制度过程中，在全国率先实行联动救助机制，规定司法救助以县级救助为主，案件影响重大且救助金额较大、县级救助确有困难的，可以申请省、市联动救助

浙江

四川

四川省检察院、成都市检察院、泸州市检察院、南充市检察院积极与当地政法委及财政部门沟通协调，由财政部门将救助资金预拨至检察院账户。目前，该省5个市级院及45个基层院均实现了救助资金账户单列、提前预拨，既确保了救助资金及时到位，又强化了救助的及时性

❸ 司法救助小知识

救助范围

（1）被害人重伤或严重残疾，因案件无法侦破造成生活困难的；或者因加害人死亡或没有赔偿能力，无法经过诉讼获得赔偿，造成生活困难的

（2）被害人受到犯罪侵害危及生命，急需救治，无力承担医疗救治费用的

（3）被害人死亡，因案件无法侦破造成依靠其收入为主要生活来源的近亲属生活困难的；或者因加害人死亡或没有赔偿能力，依靠被害人收入为主要生活来源的近亲属无法经过诉讼获得赔偿，造成生活困难的

（4）被害人财产遭受重大损失，因案件无法侦破造成生活困难的；或者因加害人死亡或没有赔偿能力，无法经过诉讼获得赔偿，造成生活困难的

（5）举报人、证人、鉴定人因举报、作证、鉴定受到打击报复，致使人身受到伤害或财产受到重大损失，无法经过诉讼获得赔偿，造成生活困难的

（6）追索赡养费、扶养费、抚育费等，因被执行人没有履行能力，造成申请执行人生活困难的

（7）对于道路交通事故等民事侵权行为造成人身伤害，无法经过诉讼获得赔偿，造成生活困难的

（8）党委政法委和政法各单位根据实际情况，认为需要救助的其他人员

救助方式

支付救助金与思想疏导、宣传教育相结合，与法律援助、诉讼救济相配套，与其他社会救助相衔接

救助标准

以案件管辖地上一年度职工月平均工资为基准，一般在36个月的工资总额之内。救助金额不得超过人民法院依法应当判决的赔偿数额

检察机关在司法救助中做什么？

- 检察机关办案部门履行告知职责
- 刑事申诉检察部门受理救助申请或启动救助程序，在规定期限内，作出是否给予救助和具体救助金额的意见，报检察长审批
- 计财装备部门收到财政部门拨付的救助资金后，应当会同刑事申诉检察部门，及时向申请人发放
- 对决定不予救助的，及时告知当事人，并做好解释说明工作

刑事和解
化干戈为玉帛 护稳定促和谐

作为承担法律监督职责的专门机关，检察机关一直是刑事和解政策、制度的积极探索者与实施者，其职权行使也是促进刑事案件程序分流的关键。

1 刑事和解原则

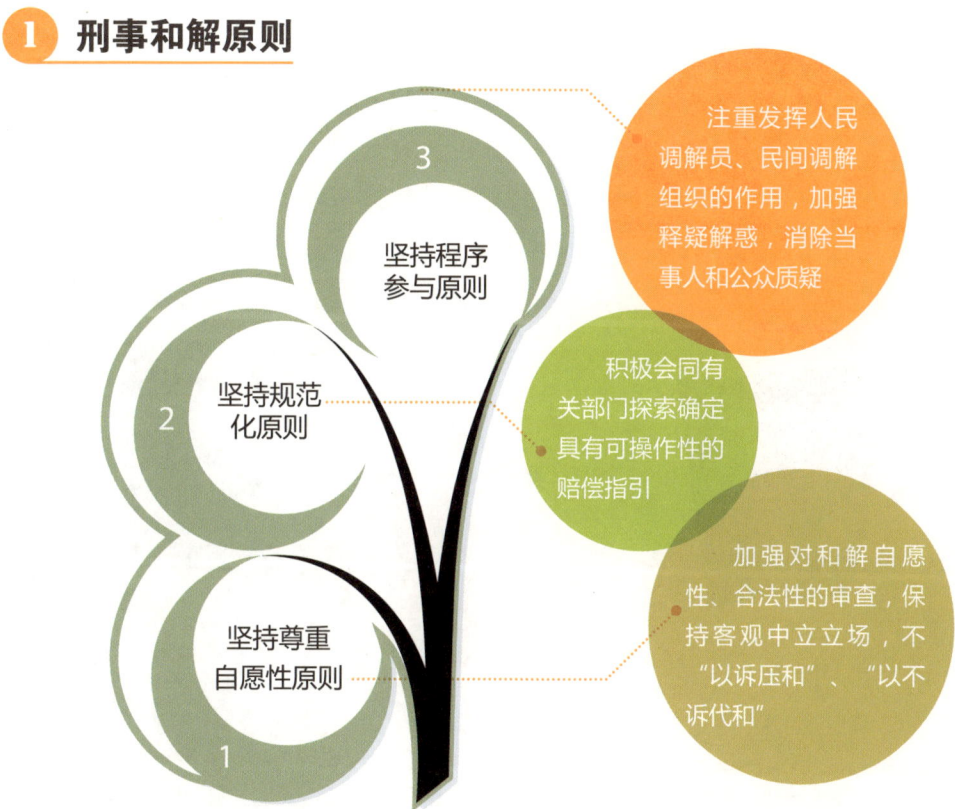

3 坚持程序参与原则

2 坚持规范化原则

1 坚持尊重自愿性原则

注重发挥人民调解员、民间调解组织的作用，加强释疑解惑，消除当事人和公众质疑

积极会同有关部门探索确定具有可操作性的赔偿指引

加强对和解自愿性、合法性的审查，保持客观中立立场，不"以诉压和"、"以不诉代和"

2 办理情况

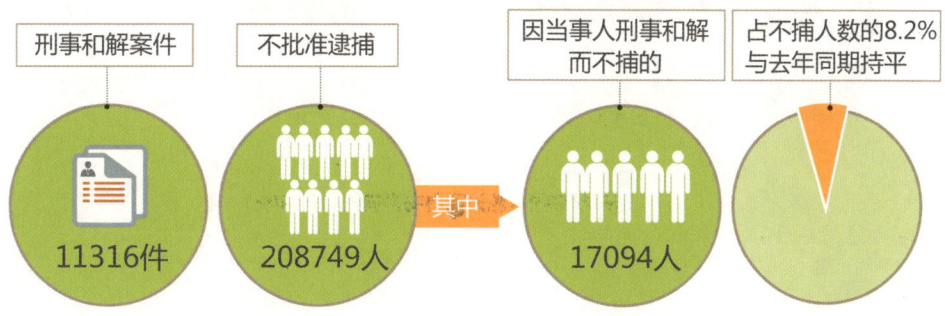

2015年1至11月全国检察机关共办理

刑事和解案件 11316件

不批准逮捕 208749人

其中

因当事人刑事和解而不捕的 17094人

占不捕人数的8.2%与去年同期持平

反腐篇

腐败一块冰，寒透百姓心。

2015年，检察机关反腐工作强势出击，

打"老虎"拍"苍蝇"力度空前。

在"打虎"的同时，检察机关剑指群众身边腐败，

严查群众身边损害群众利益职务犯罪和重大责任事故背后职务犯罪，

依法打击行贿犯罪，严惩腐败"发起人"。

依法查办大要案
坚决打虎不手软

　　2015年以来，全国检察机关反贪污贿赂部门、反渎职侵权部门紧紧围绕党和国家工作大局，以中央反腐败工作指示精神为引领，始终保持惩治腐败高压态势，用最坚决的态度减少腐败存量，用最果断的措施遏制腐败增量，坚持有案必查，加大办案力度，突出办案重点，强化办案措施，严肃查办职务犯罪案件。

❶ 数据

2015年1月至11月，全国检察机关立案侦查

职务犯罪大案31201 件

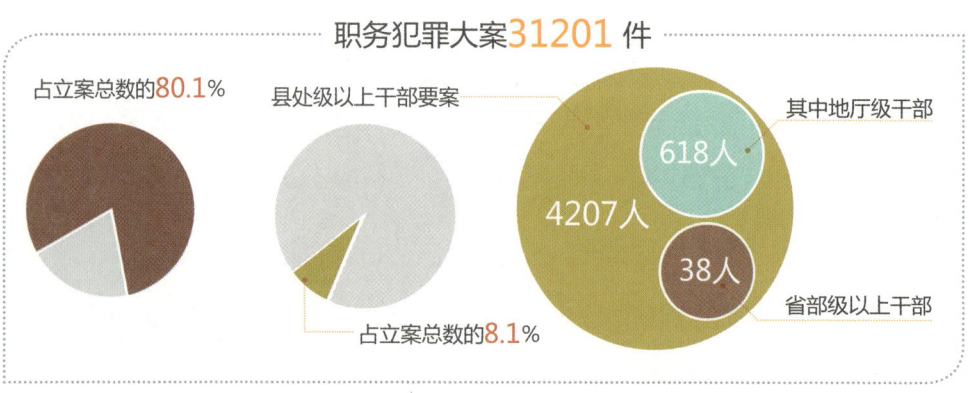

占立案总数的80.1%　　县处级以上干部要案　　其中地厅级干部　618人　4207人　38人　省部级以上干部　占立案总数的8.1%

贪污贿赂犯罪大案26310 件

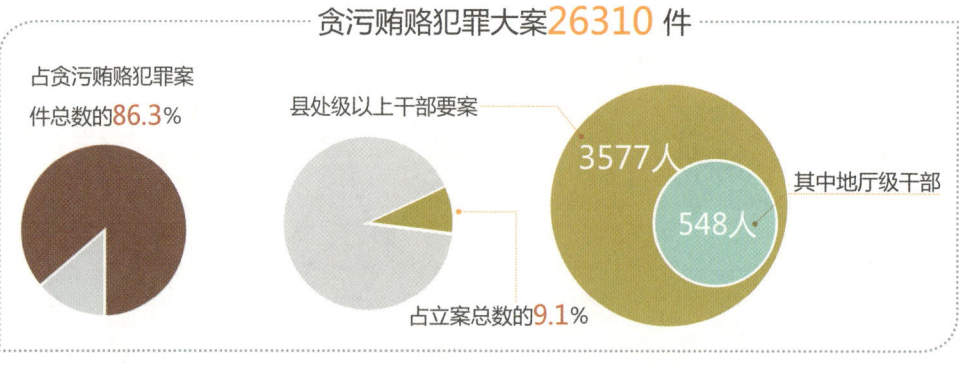

占贪污贿赂犯罪案件总数的86.3%　　县处级以上干部要案　3577人　其中地厅级干部　548人　占立案总数的9.1%

渎职侵权犯罪重特大案件4891件

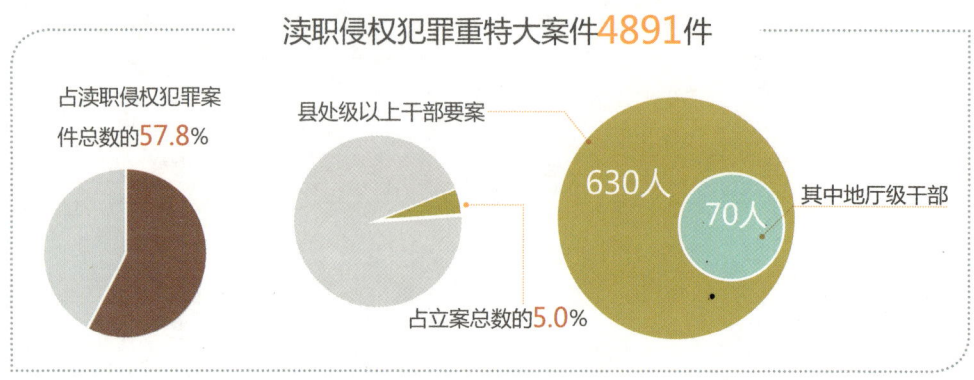

占渎职侵权犯罪案件总数的57.8%　　县处级以上干部要案　630人　其中地厅级干部　70人　占立案总数的5.0%

② 部署

2015年5月21日

全国检察机关推进反贪办案工作电视电话会议

全国检察机关推进反贪办案工作电视电话会议召开，要求各级检察机关反贪部门进一步加大办案力度，深入推进办案工作

全国检察机关反渎职侵权部门办案工作推进会

2015年4月29日

全国检察机关反渎职侵权部门办案工作推进会召开，强调深入开展查办和预防发生在群众身边、损害群众利益职务犯罪专项工作，严肃查办工程项目、土地出让、矿产资源开发、国有企业等领域造成国有资产资源损失、流失的渎职犯罪

办案工作重点和措施

- 认真贯彻落实党中央关于反腐败的新要求，坚决查办发生在领导机关和领导干部中的插手工程建设、土地出让、侵吞国有资产、买官卖官等职务犯罪案件

- 紧紧围绕全面深化改革的关键领域和重点环节，严肃查办国有资本授权经营和投资经营、发展混合所有制经济、造成重大国有资产损失等国有企业经营管理、国企改革以及贪污挪用国家投资等案件

- 针对群众反映强烈的突出问题，严肃查办重大基础设施建设、环境监管、惠民资金、保障性安居工程、新农合和城镇医保等民生领域的案件，坚决深挖严查，一查到底

- 充分发挥侦查一体化机制和区域联动办案机制的实战功能，深入开展查办群体化案件工作，做到纵向深挖、横向拓展、除恶务尽，坚决不留"漏网之鱼"

3 案例

立案阶段

周本顺 10月29日最高检官方网站消息，最高检经审查决定，依法对河北省委原书记、省人大常委会原主任周本顺以涉嫌受贿罪立案侦查并采取强制措施

杨栋梁 11月2日最高检官方网站消息，最高检经审查决定，依法对国家安全生产监督管理总局原党组书记、局长杨栋梁以涉嫌受贿罪立案侦查并采取强制措施

01

04

02

03

杨刚涉嫌受贿案

万庆良涉嫌受贿案

公诉阶段

经最高人民检察院指定，该案由北京市检察院第三分院审查起诉。7月28日，北京市检察院第三分院以受贿罪向北京市第三中级法院提起公诉

经最高人民检察院指定，该案由广西壮族自治区南宁市检察院审查起诉。9月30日，南宁市检察院以受贿罪向南宁市中级法院提起公诉

已判案件

周永康受贿、滥用职权、故意泄露国家秘密案

经最高人民检察院指定，该案由天津市检察院第一分院提起公诉。周永康利用职务便利为他人谋取利益，非法收受他人贿赂共计折合人民币1亿余元；滥用职权致使公共财产、国家和人民利益遭受重大损失；违反保守国家秘密法的规定，故意泄露国家秘密，情节特别严重。2015年6月11日，天津市第一中级法院以受贿、滥用职权、故意泄露国家秘密罪判处其无期徒刑，剥夺政治权利终身，并处没收个人财产

倪发科受贿、巨额财产来源不明案

经最高人民检察院指定，该案由山东省东营市检察院提起公诉。2000年至2012年，倪发科利用职务便利为他人谋取利益，非法收受他人贿赂共计折合人民币1296万余元；巨额财产不能说明来源578万余元。2015年2月28日，东营市中级法院以受贿罪、巨额财产来源不明罪判处其有期徒刑17年，并处没收个人财产100万元

季建业受贿案

经最高人民检察院指定，该案由山东省烟台市检察院提起公诉。1992年至2013年，季建业利用职务便利为他人谋取利益，非法收受他人贿赂共计折合人民币1132万余元。2015年4月7日，烟台市中级法院以受贿罪判处其有期徒刑15年，并处没收个人财产200万元

廖少华受贿、滥用职权案

经最高人民检察院指定，该案由陕西省西安市检察院提起公诉。2004年至2012年，廖少华利用职务便利为他人谋取利益，非法收受他人贿赂共计折合人民币1324万元；滥用职权造成国家财政资金损失310万余元。2015年4月9日，西安市中级法院以受贿罪、滥用职权罪判处其有期徒刑16年，并处没收个人财产130万元

李春城受贿、滥用职权案

经最高人民检察院指定，该案由湖北省咸宁市检察院提起公诉。1999年至2012年，李春城利用职务便利为他人谋取利益，非法收受他人贿赂共计折合人民币3979万余元；滥用职权造成公共财产损失5亿余元。2015年10月12日，咸宁市中级法院以受贿罪、滥用职权罪判处其有期徒刑13年，并处没收个人财产100万元

反腐在身边
"零容忍"态度严查群众身边腐败

2015年初，全国检察长会议提出，要继续深入开展查办和预防发生在群众身边、损害群众利益职务犯罪专项工作。全国检察机关紧紧围绕社会关注的焦点、热点问题，从人民群众最关心、最直接、最现实的利益问题入手，以"零容忍"的态度严肃查处重点领域职务犯罪，切实保障人民群众权益。

① 数据一：反贪污贿赂

2015年1至11月
全国检察机关立案侦查发生在群众身边、损害群众利益贪污贿赂犯罪案件

18137件　　24173人

涉案总金额166.1亿元。

其中

4512人　2056人　1769人　1531人　962人　1716人　244人　6623人

征地拆迁和保障性住房领域
社会保障和专项款物管理领域
医疗卫生领域
教育就业领域
生态环境保护领域
社会管理和执法司法领域
食品药品、安全生产及市场监管领域
新农村建设、惠农资金管理等涉农领域

② 数据二：反渎职侵权

2015年1至11月
全国检察机关立案侦查发生在群众身边、损害群众利益渎职侵权犯罪案件

6656件

9700人

造成经济损失118.4亿元。

其中

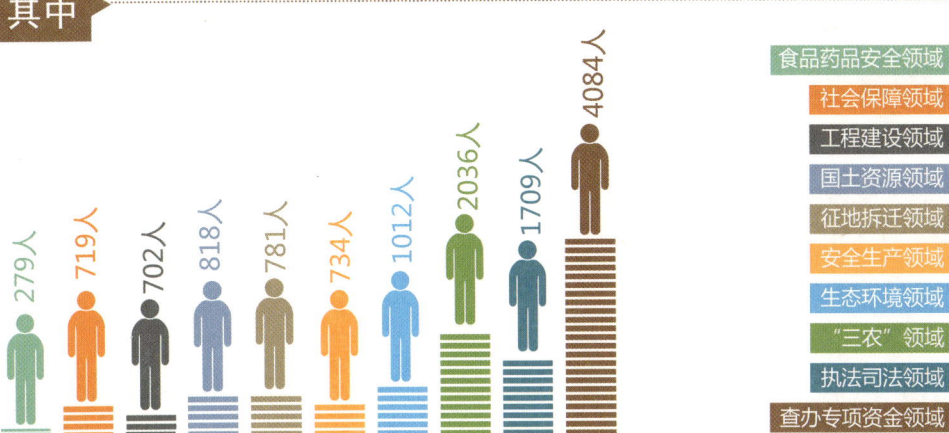

食品药品安全领域
社会保障领域
工程建设领域
国土资源领域
征地拆迁领域
安全生产领域
生态环境领域
"三农"领域
执法司法领域
查办专项资金领域

③ 各地做法

江苏部署开展惩治国企国资管理和民生领域贪污贿赂犯罪专项行动，重点查办国企国资管理和民生领域贪污贿赂犯罪，遏制腐败犯罪易发多发势头。两个专项行动自2015年4月开始，至2016年6月结束

黑龙江部署开展为期一年的集中查办农村基层组织人员及相关领域贪污贿赂犯罪专项工作、严厉打击破坏发展环境贪污贿赂犯罪专项行动

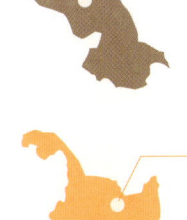

甘肃组织开展"保民生、促三农"专项行动，针对涉农资金管理缺陷和安全风险问题，严肃查办涉农领域职务犯罪，集中查办一批大案要案和窝案串案，保障国家各项惠农政策真正惠及广大农民群众

河北专门开展生态环境司法保护专项工作，严肃查处大气污染、水体污染、土壤污染等环境污染问题所涉渎职犯罪，突出查办非法占有农用地、非法采矿、盗伐滥伐林木等破坏环境资源背后的渎职犯罪

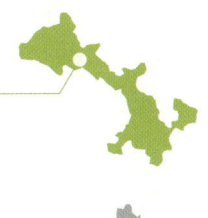

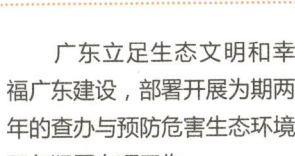

广东立足生态文明和幸福广东建设，部署开展为期两年的查办与预防危害生态环境职务犯罪专项工作

海南严肃查处生态环境领域渎职犯罪案件，积极服务海南"绿色崛起"和"国际旅游岛"建设

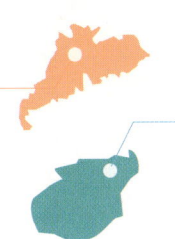

国际追逃追赃
将潜逃境外的腐败分子缉拿归案

　　全国检察机关深入开展职务犯罪国际追逃追赃专项行动，加强与有关部门协作配合，综合运用各种有效措施，成功追捕或劝返了一批境（内）外职务犯罪在逃人员，对在逃腐败分子起到了极大的震慑作用，取得了良好的政治效果和社会效果。

① 措施

1 对下业务指导，组织全国检察机关强化追逃追赃体制机制建设，认真做好日常防逃追逃工作

2 深入开展职务犯罪国际追逃追赃专项行动，建立健全与纪检监察、法院、公安、司法、外交等相关部门的协作配合机制

3 依托各种反腐败国际合作平台，坚持对重点人、重点案紧盯不放，从美加澳等重点国家切入，加强国际刑事司法协作，有效增强了缉捕外逃腐败分子的能力

② 文件

2014年10月10日

最高检联合最高法、公安部、外交部共同下发《关于敦促在逃境外经济犯罪人员投案自首的通告》，规劝犯罪人员限期回国投案自首，占领国际追逃追赃的法律和道义制高点

2014年11月

最高检与公安部联合下发《关于公安机关与检察机关在职务犯罪国际追逃追赃专项行动中加强协调配合的通知》、《关于进一步加强协作配合共同推进缉捕外逃经济犯罪人员专项行动的通知》，推动建立职务犯罪国际追逃追赃工作信息沟通、情况交换、协作配合机制

2015年4月15日

最高检印发《关于在全国检察机关继续开展职务犯罪国际追逃追赃专项行动的通知》，要求各级检察机关灵活运用引渡、遣返、异地起诉和劝返方式，因案施策开展缉捕工作，并将专项行动延长至2015年年底

2015年5月8日

最高检印发《关于参加打击利用离岸公司和地下钱庄转移赃款专项行动的通知》，要求综合运用各种手段，封堵涉案资金转移境外的渠道，严厉打击携款潜逃违法犯罪活动

❸ 数据

截至2015年11月
全国检察机关从20多个国家和地区劝返或抓获犯罪嫌疑人

100余人

涉案总金额10多亿元

❹ 特点

境外归案人数多

这次国际追逃追赃专项行动抓获在逃境外贪污贿赂等职务犯罪嫌疑人100余人

一批涉案金额巨大的在逃人员被抓获或劝返

河南省检察机关抓获的中信银行郑州市纬五路支行原行长张朝辉涉嫌挪用公款3.2亿元

天津市检察机关劝返从加拿大回国自首的原天津凯立城市建设开发公司总经理张连香涉嫌滥用职权犯罪涉及7951.98万元

浙江省检察机关劝返回国的玉环县供电局人力资源部原主任沈刚涉案金额达700万元

劝返归案比例大

从境外归案的案件中，经劝返回国投案自首的人员占境外归案人数的六成以上

劝返和抓获归案人员分布广泛

从境外归案的人员中，涉及20多个国家和地区，既有美国、加拿大等美洲国家，也有意大利、土耳其等欧洲国家，还有南非等一些非洲国家

涉嫌罪名相对集中

涉嫌行贿犯罪、贪污犯罪、挪用公款犯罪、受贿犯罪人数较多

抓获了一批长期潜逃在外的案犯

辽宁省丹东振兴区雅士时装厂厂长杨升、中国工商银行哈尔滨市道里支行十二道街分理处副主任郑义等均于20世纪90年代初出逃，潜逃时间长达20余年，专项行动期间先后被抓获

⑤ 典型案例

戴学民

2015年4月25日，上海、江苏、安徽等省市追逃办和公安、检察机关密切配合，将在逃犯罪嫌疑人戴学民缉捕归案，这是国际刑警组织中国国家中心局对百名外逃人员发布红色通缉令后的首个落网人员。戴学民原任中国经济开发信托投资公司上海营业部总经理，涉嫌贪污1100万元，2001年潜逃出境，近期改换身份持外国护照潜回国内

李华波

2015年5月9日，涉嫌贪污犯罪潜逃新加坡的江西省鄱阳县财政局经济建设股原股长李华波被遣返回国。2006年至2010年间，李华波利用职务便利，伙同他人先后多次骗取鄱阳县财政局的基建专项资金共计9400万元，并将个人分得的约7200万元赃款中的2900余万元转移至新加坡，其余款项用于到澳门赌博、个人消费等。2011年1月，李华波潜逃至新加坡。2011年2月，李华波因涉嫌贪污罪被鄱阳县检察院立案侦查

孙新

2015年6月8日，北京市外逃职务犯罪嫌疑人孙新被从柬埔寨押解回国。孙新原系北京市新闻出版局计划财务处出纳，涉嫌利用职务便利，将上千万元公款转入本人担任法定代表人的公司进行营利活动，其中部分款项被转入期货交易所和证券交易所进行交易。2008年10月，孙新因案情败露，潜逃出境至东南亚。2008年10月，北京市检察院第二分院以涉嫌挪用公款罪对孙新立案侦查

打击行贿犯罪专项活动
严惩腐败"发起人"

行贿受贿好比一个硬币的正反面，打击主动行贿，是遏制腐败滋生蔓延的关键一招。近年来，最高检不断加大打击主动行贿犯罪力度，"依法打击行贿犯罪，加大查办主动行贿犯罪力度"是2015年职务犯罪侦查工作重点之一。

❶ 数据

2015年1至11月
全国检察机关从严惩治行贿等案件，立案侦查行贿犯罪7819人，同比上升4.9%。

上升4.9%

7819人

❷ 部署

2015年4月29日，曹建明检察长在主持召开最高检党组会议时强调，要依法从严惩治行贿犯罪。"主动行贿、多次行贿、行贿数额巨大、长期'围猎'干部的行贿犯罪"，诸如此类"罪行"都被最高检列入了要严厉惩处的行贿犯罪之列

01 Step

02 Step

03 Step

2015年6月19日，最高检副检察长邱学强在全国检察机关规范司法行为专项整治工作座谈会上强调，要加大查办主动行贿犯罪力度，坚决遏制住主动行贿犯罪蔓延的势头，切断受贿犯罪的因果链

2015年7月7日，曹建明检察长在大检察官研讨班上强调，"依法打击行贿犯罪，加大查办主动行贿犯罪力度"，是下半年职务犯罪侦查工作的重点之一

③ 措施

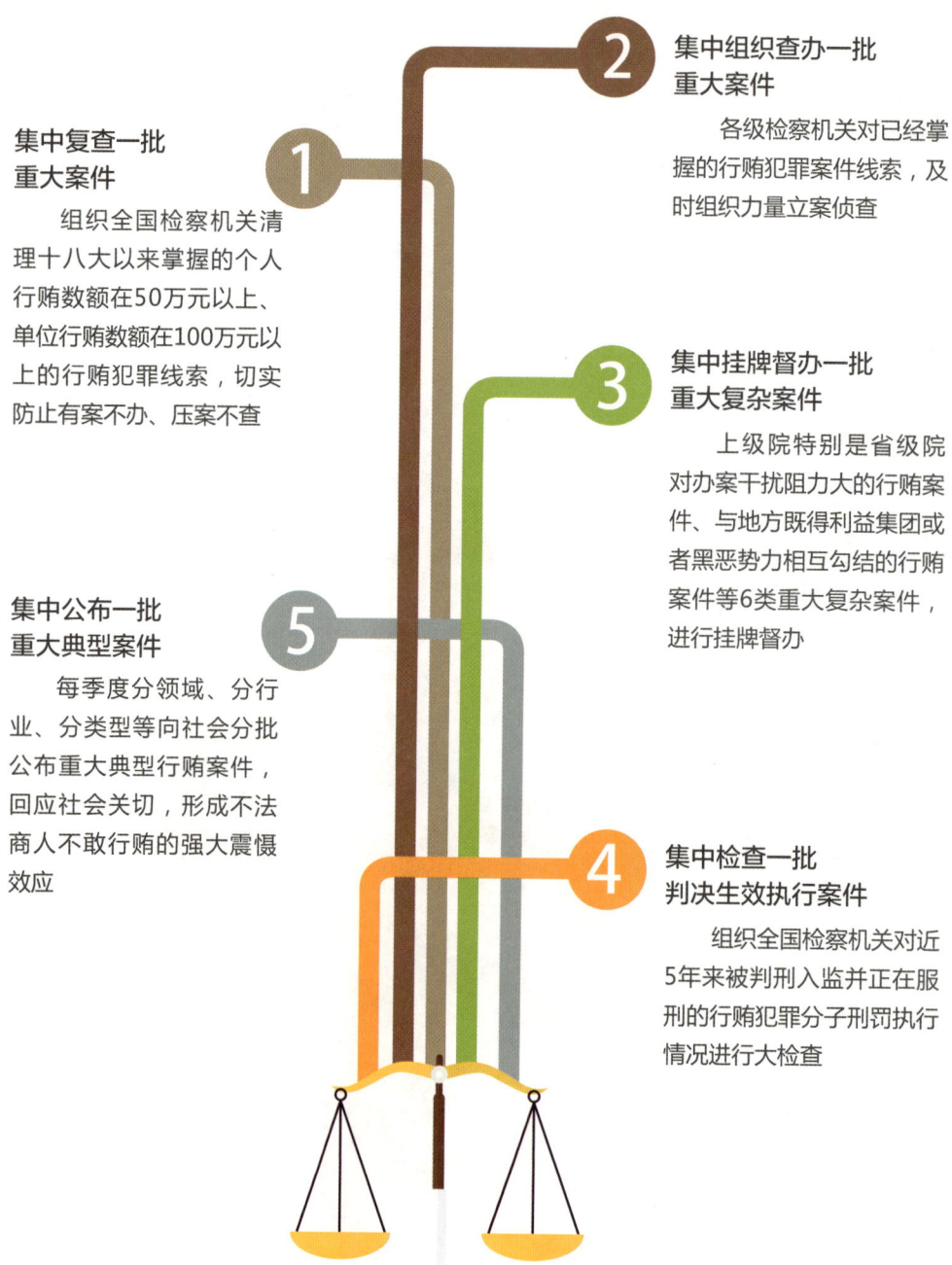

"五个集中"办案措施

2 集中组织查办一批重大案件

各级检察机关对已经掌握的行贿犯罪案件线索，及时组织力量立案侦查

1 集中复查一批重大案件

组织全国检察机关清理十八大以来掌握的个人行贿数额在50万元以上、单位行贿数额在100万元以上的行贿犯罪线索，切实防止有案不办、压案不查

3 集中挂牌督办一批重大复杂案件

上级院特别是省级院对办案干扰阻力大的行贿案件、与地方既得利益集团或者黑恶势力相互勾结的行贿案件等6类重大复杂案件，进行挂牌督办

5 集中公布一批重大典型案件

每季度分领域、分行业、分类型等向社会分批公布重大典型行贿案件，回应社会关切，形成不法商人不敢行贿的强大震慑效应

4 集中检查一批判决生效执行案件

组织全国检察机关对近5年来被判刑入监并正在服刑的行贿犯罪分子刑罚执行情况进行大检查

严查事故背后腐败
依法保障人民生命财产安全

　　2015年，全国检察机关不断加大对生产安全责任事故和环境污染事件所涉渎职等职务犯罪的查处力度，依法查办了一大批职务犯罪案件，为保障广大人民群众生命财产、公共财产和国家利益安全发挥了积极作用。

❶ 数据

2015年1至11月
　　全国检察机关共立案侦查事故所涉渎职等职务犯罪案件450件794人

450件　794人

❷ 案件特点

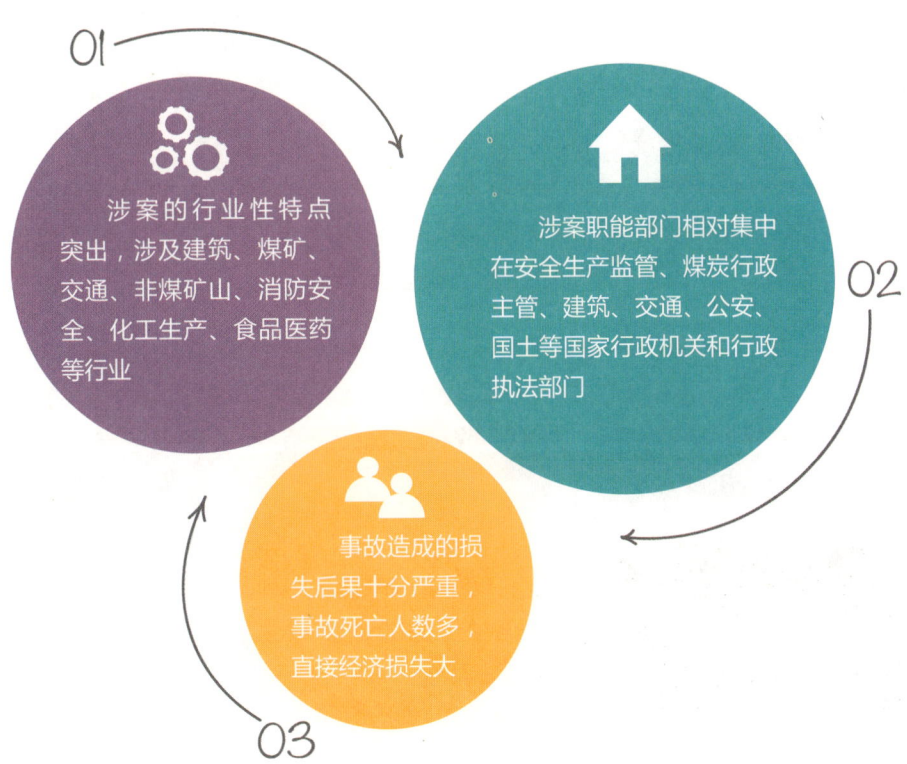

01 涉案的行业性特点突出，涉及建筑、煤矿、交通、非煤矿山、消防安全、化工生产、食品医药等行业

02 涉案职能部门相对集中在安全生产监管、煤炭行政主管、建筑、交通、公安、国土等国家行政机关和行政执法部门

03 事故造成的损失后果十分严重，事故死亡人数多，直接经济损失大

❸ 办案重点

8 类重点

（1）在消防安全监督管理中失职渎职，发生重特大火灾事故的案件

（2）在交通建设、安全营运、监督管理、交通秩序维护等工作中失职渎职，发生重特大交通事故的案件

（3）在煤矿和非煤矿山生产监督管理等工作中失职渎职，发生重特大事故的案件

（4）在危险化学品、天然气开发使用、石油输油管道等特种行业监管活动中失职渎职，发生重特大事故的案件

（5）在工程建设领域特别是基础设施建设、道路交通建设、桥梁建设等中失职渎职，发生房屋垮塌、路毁、桥断等重特大事故的案件

（6）在环境监管、卫生防疫、食品安全监管等工作中失职渎职，发生重特大环境污染事件、卫生防疫事件的案件

（7）在土地资源的管理、开发等工作中失职渎职，发生泥石流、山体滑坡等重特大自然灾害事故的案件

（8）其他失职渎职，导致责任事故发生，给广大人民群众生命财产和公共财产、国家利益造成重特大损失的案件

❹ 案例

河南平顶山"5·25"特别重大火灾事故

39人死亡
6人受伤
过火面积**745.8**平方米
直接经济损失**2064.5**万元

案情：2015年5月25日，河南省平顶山市鲁山县康乐园老年公寓发生特别重大火灾事故，造成39人死亡、6人受伤，过火面积745.8平方米，直接经济损失2064.5万元。

办案进程：事故发生后，最高检直接组织查办，成立了由四级检察机关组成的检察调查专案组。检察机关分别以涉嫌玩忽职守罪、滥用职权罪和受贿罪依法对鲁山县副县长刘文强、县民政局局长刘大钢、县公安消防大队大队长梁凯等25人立案侦查，目前已全部移送审查起诉。

陕西咸阳"5·15"特别重大道路交通事故

35人死亡
11人受伤

案情： 2015年5月15日，陕西咸阳淳化县发生特别重大道路交通事故，造成35人死亡、11人受伤。

办案进程： 事故发生后，最高检及时介入调查，组织陕西省和咸阳、西安、铜川三市两级检察院展开调查工作。先后对陕西省西安市临潼区交通运输管理站稽查三中队队长韩小锋等共12人，分别以涉嫌滥用职权罪、玩忽职守罪立案侦查。目前，12名事故所涉责任人职务犯罪案件已全部移送审查起诉。

天津港"8·12"特大火灾爆炸事故

165人遇难
8人失联

案情： 2015年8月12日，天津港瑞海国际物流有限公司危险品仓库发生特别重大火灾爆炸事故，截至9月11日，事故共造成165人遇难、8人失联。

办案进程： 最高检和天津市三级检察机关组成"8·12"专案组，迅速依法开展事故调查工作，先后对天津市交通运输委员会主任武岱、天津港（集团）有限公司总裁郑庆跃、天津市安全生产监督管理局副局长高怀友等一批犯罪嫌疑人以涉嫌玩忽职守罪和滥用职权罪立案侦查，并做好天津市公安机关以非法经营等罪名立案侦查的犯罪嫌疑人的审查逮捕工作。

腾格里沙漠污染事件

案情： 2014年9月6日，媒体报道宁夏、内蒙古和甘肃交界处的腾格里沙漠遭受工业污染事件。

办案进程： 最高检反贪总局二局按照院领导的批示精神，分别向内蒙、宁夏、甘肃发出督办交办通知。在相关地区检察机关、公安机关及其他各级部门努力下，侦查工作有了一定进展，共对4人以涉嫌玩忽职守罪立案侦查。

大局篇

不谋全局者，不足谋一域。在全面依法治国的战略部署下，

2015年，全国检察机关主动适应经济社会发展新常态，

围绕党和国家工作大局履职尽责，把维护社会大局稳定作为基本任务，

把促进社会公平正义作为核心价值追求，

把保障人民安居乐业作为根本目标，

努力为改革助力、为发展护航。

出台《意见》
落实中央全面依法治国战略部署

　　2015年1月，最高人民检察院出台《最高人民检察院关于贯彻落实<中共中央关于全面推进依法治国若干重大问题的决定>的意见》。《意见》共九个方面42条，强调检察机关要按照全面建成小康社会、全面深化改革、全面依法治国、全面从严治党的战略部署，充分发挥检察机关在法治建设中的职能作用，努力为实现"两个一百年"奋斗目标、实现中华民族伟大复兴的中国梦提供强有力的司法保障。

深入学习贯彻十八届四中全会精神，坚定不移走中国特色社会主义法治道路

1. 深刻认识全面推进依法治国的重大意义
2. 明确检察机关推进依法治国的总体思路
3. 准确把握检察机关推进依法治国的基本原则
4. 坚持把改革创新贯穿检察机关推进依法治国工作全过程

促进完善以宪法为核心的中国特色社会主义法律体系，保证宪法实施

5. 坚决维护宪法权威
6. 积极推动完善立法
7. 加强司法解释工作

推进法治经济建设，依法服务发展、保障民生

8. 依法维护市场经济秩序
9. 依法保障国有企业改革
10. 积极服务创新驱动发展战略
11. 依法保障政府投资安全
12. 加大生态环境司法保护力度
13. 积极保障和改善民生

依法严格查办职务犯罪案件，保持惩治腐败高压态势

14. 坚持有腐必反、有案必查
15. 提高查办职务犯罪法治化水平
16. 加强追逃追赃工作
17. 深化职务犯罪预防

积极参加法治社会建设，维护社会和谐稳定

18. 严厉惩治危害国家安全的犯罪
19. 坚决打击影响人民群众安全感的严重刑事犯罪
20. 健全依法化解矛盾纠纷机制
21. 积极参与立体化社会治安防控体系建设
22. 完善法治宣传教育机制

充分发挥检察职能，保证公正司法

23. 加大诉讼监督力度
24. 完善对司法活动进行监督的范围、方式、程序
25. 认真落实推进严格司法的措施
26. 加强人权司法保障
27. 推动优化司法职权配置

加强对违法行政行为的法律监督，积极促进依法行政

28. 健全行政执法与刑事司法衔接机制
29. 建立对涉及公民人身、财产权益行政强制措施的法律监督制度
30. 建立对履行职责中发现的违法行政行为的监督纠正制度
31. 探索建立检察机关提起公益诉讼制度

强化对检察权运行的管理监督，提高司法公信力

32. 规范司法行为
33. 加强司法管理
34. 落实司法责任
35. 自觉接受外部监督
36. 保障人民群众参与司法
37. 完善公正司法的保障机制

建设过硬队伍，为检察机关推进依法治国提供组织保证

38. 强化思想政治建设
39. 深入推进检察队伍正规化、专业化、职业化建设
40. 加强检察人才队伍建设
41. 持之以恒抓好司法作风建设
42. 推进基层基础建设

服务保障"一带一路"
自觉将检察工作融入大局中谋划

　　"一带一路"战略是党中央审时度势、高瞻远瞩提出的重大决策。全国检察机关自觉强化政治意识、大局意识和责任意识，将检察工作融入大局中谋划和推动，立足职能定位，积极服务和保障"丝绸之路经济带"和"21世纪海上丝绸之路"建设。

1 部署

　　最高检召开由18个省级检察院预防部门负责人参加的服务和保障"一带一路"战略预防工作研讨会

 2015年4月27日-28日　　　 2015年6月4日

　　最高检印发《关于做好检察机关预防职务犯罪工作服务和保障"一带一路"战略的十条意见》，要求全国各级检察机关查办和预防职务犯罪部门围绕大局，立足职能，在加大惩治腐败犯罪力度，依法严厉查办破坏、危害、阻碍"一带一路"战略实施的各种贪污贿赂、渎职侵权等职务犯罪，充分发挥打击犯罪的积极、特殊预防功能的同时，不断探索创新举措和方法，拓展预防职务犯罪工作领域，为"一带一路"战略实施提供积极有效的职能服务和法治保障

② 典型经验

甘肃

　　甘肃检察机关坚持将"丝绸之路经济带"建设的焦点作为服务重点，为"丝绸之路经济带"建设提供有力的司法保障。

服务方式

01
以检察服务室为依托，推行重大建设项目预防工作责任制，积极开展预防调查、预防咨询和腐败风险预警、预防建议。

建立联系企业项目准入退出机制。积极转变服务方式，充分尊重企业和项目建设单位的自主选择权。

03

02

严格把握服务尺度和服务边界范围，正确处理提供服务与司法办案间的关系。

取得成效

2015年1月-11月，检察机关提供

行贿犯罪档案查询 **149298**次

涉及单位 **157740**家

涉及个人 **186983**人

发现有犯罪记录单位**348**家 个人**1160**人

投资建设环境有了明显改善。2015年以来，全省检察机关共查办涉企、涉项目职务犯罪案件56件69人，办理涉企刑事犯罪案件116件143人，监督公安机关立案11件，办理涉企、涉项目民事申诉案件8件

市场廉洁准入制度更加严格。检察机关提供行贿犯罪档案查询149298次，涉及单位157740家，涉及个人186983人，发现有犯罪记录单位348家，个人1160人

廉洁从业长效机制更加健全。为企业提供法律咨询766次，发出预防检察建议48份，帮助企业整章建制166项

预防职务犯罪氛围更加浓厚。检察机关以驻企检察服务室为依托，深入企业开展法律宣传、预防文化活动和警示教育1156场次

上海

　　2015年，上海检察机关以中国（上海）自由贸易试验区建设为基点，聚焦热点、突出重点，积极拓展预防职务犯罪工作领域，为"一带一路"战略在上海地区的实施提供有效检察预防职能服务和法治保障。

推出四项举措提升服务保障水平

 出台《关于加强完善保障措施全力服务保障自贸区扩区新战略的工作意见》，全面提升检察服务能级

 成立由国际商贸、金融、知识产权、航运等专业领域的专家学者和合作机构组成的自贸检察智库，为自贸试验区检察工作提供决策咨询和智力支持

 主动牵头6家自贸试验区所在地检察院，搭建对接合作平台，形成优势互补、资源共享的自贸试验区检察工作新格局

 制作案例指南提高自贸法治化能力，编写《2014年度自贸试验区刑事检察白皮书》、《2010-2014年度浦东知识产权检察白皮书》、《2014年度浦东新区金融检察白皮书》等3个检察白皮书

为"一带一路"战略提供切实可行的预防服务

围绕营造良好外部环境提供预防服务

围绕防范金融风险和保护知识产权提供预防服务

为大型国企和重大（点）项目提供预防服务

围绕加强打击行贿犯罪提供预防服务

服务经济发展新常态
善用检察"组合拳"营造良好法治环境

当前，我国经济发展步入新常态。如何有效应对经济发展新常态下出现的各类新情况、新问题、新风险，如何审慎处理发展过程中的新情况、新问题，认真研究处理司法实践中出现的新类型案件，促进经济社会发展，成为衡量检察机关司法办案水平的重要标尺。服务经济社会发展大局，检察机关必须主动思考，有所作为。

1 部署

2014年12月12日

曹建明检察长主持召开最高检党组扩大会议，强调各级检察机关要主动适应经济发展新常态，切实找准检察工作服务经济社会发展大局的切入点和着力点，加强检察监督，为经济平稳健康发展、社会和谐稳定提供有力司法保障。

最高人民检察院印发《关于进一步发挥检察机关查办和预防职务犯罪职能作用积极有效服务经济发展新常态的意见》。

2015年8月19日

就检察机关如何适应经济发展新常态，充分发挥检察职能，更好地保障经济持续健康发展，曹建明检察长到河北检察机关调研。

2015年10月8日至10日

《关于进一步发挥检察机关查办和预防职务犯罪职能作用积极有效服务经济发展新常态的意见》共八部分28条

- 准确把握形势任务，切实增强服务发展大局的自觉性和主动性
- 明确基本要求，提升服务经济社会发展的综合效果
- 突出办案重点，依法严惩严重危害经济发展的职务犯罪
- 讲究办案方式方法，着力维护正常经济社会发展秩序
- 正确把握法律政策界限，努力实现最佳办案效果
- 加强职务犯罪预防，积极营造经济发展良好环境
- 严格规范办案行为，不断提升司法公信力和社会满意度
- 加强组织领导，确保服务大局的各项措施落到实处

② 行动

突出打击六类经济犯罪——

突出打击涉众型及其他容易引发群体性事件、暴力案件、极端事件的经济犯罪，维护社会稳定

突出打击骗取贷款、高利转贷、地下钱庄、假币等犯罪，维护金融秩序

突出打击内幕交易、利用未公开信息交易、操纵证券、期货市场、"老鼠仓"等证券期货犯罪，维护资本市场秩序和安全运行

突出打击骗取进出口退税、虚开增值税专用发票等犯罪，维护国家财政税收秩序

突出打击合同诈骗、职务侵占等破坏市场秩序和公司企业管理秩序犯罪，维护健康的市场环境

突出打击侵犯知识产权和假冒伪劣犯罪，维护大众创业、万众创新的法治环境

强化金融检察
依法保障金融市场安全稳定

　　金融检察是完善金融法治的重要途径，也是促进金融业健康发展的关键环节。检察机关主动适应经济发展新常态，积极发挥职能作用，依法惩治破坏金融管理秩序和金融诈骗犯罪，坚决查办和预防金融及金融监管领域职务犯罪，有效促进和保障了金融市场安全高效运行和整体稳定。

一、严厉打击严重危害金融安全、破坏金融秩序的各类刑事犯罪

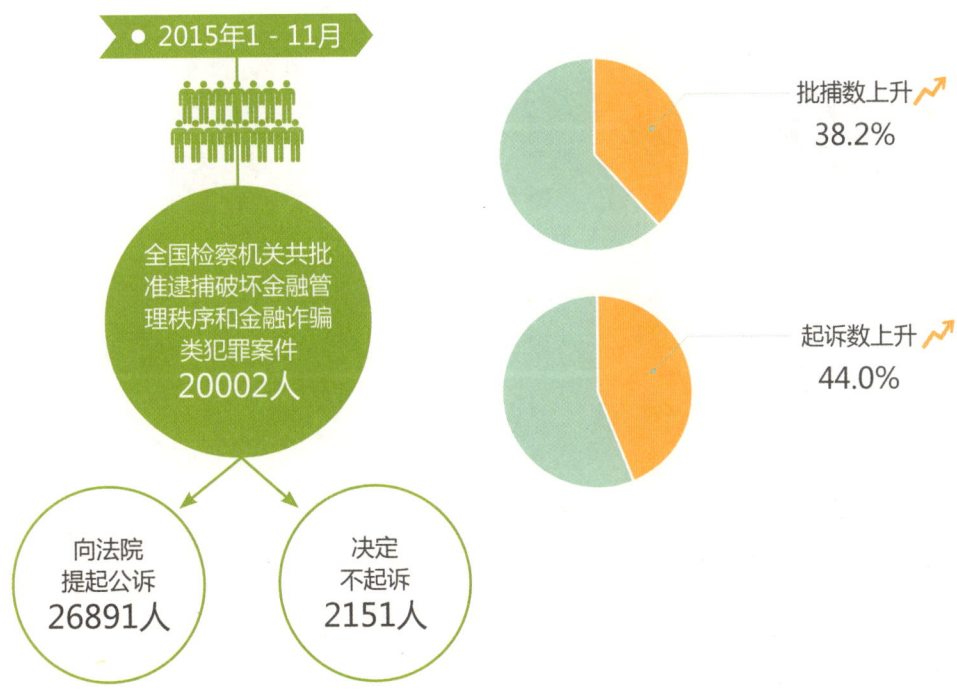

2015年1 - 11月

全国检察机关共批准逮捕破坏金融管理秩序和金融诈骗类犯罪案件
20002人

向法院
提起公诉
26891人

决定
不起诉
2151人

批捕数上升
38.2%

起诉数上升
44.0%

二、加大对金融领域贪污贿赂犯罪的打击力度

2015年1月至11月，全国检察机关共立案查办涉及金融领域贪污贿赂犯罪案件

434件

539人

主要特点：

从涉案罪名看，贿赂犯罪比例高，受贿犯罪突出。

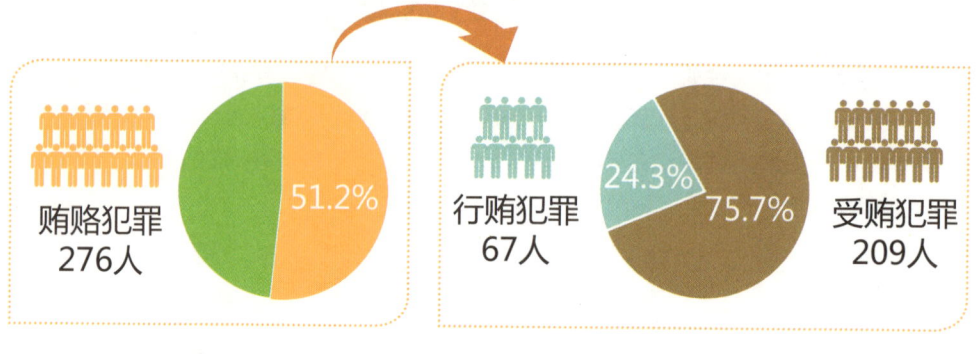

从发案领域看，主要涉及银行、保险、证券及非银行融资机构，其中银行、保险机构案件占比较高。

从涉案金额看，个案数额巨大。检察机关立案侦查的金融领域贪污贿赂犯罪中，涉案金额1000万以上的15人，仅占立案总人数的2.8％，涉案总额却高达6.18亿余元，危害后果严重。

三、坚持理性平和文明规范司法，确保实现办案效果的有机统一

- 严格区分罪与非罪界限，妥善处理维护金融市场秩序和激发市场活力的关系
- 严格区分金融犯罪与金融创新、刑事犯罪与民事纠纷的界限
- 始终坚持理性平和文明规范司法，注意改进司法方式，尽可能减少对正常金融活动、企业经营活动的影响
- 注重追赃挽损，妥善解决刑民交织和涉案财物处理等矛盾集中问题
- 始终坚持以证据为中心，保证金融犯罪案件办案质量

四、典型案例：马乐利用未公开信息交易案

　　案件所涉法律的正确理解和适用，对明确同类案件的处理、同类从业人员犯罪的处罚具有重要指导作用，对加大打击"老鼠仓"等严重破坏金融管理秩序的行为、维护社会主义市场经济秩序、保障资本市场健康发展具有重要意义。

案件回放

06　2015年12月11日

　　案件宣判，最高人民法院采纳最高人民检察院的抗诉意见，依法作出改判，马乐被改判有期徒刑3年，并处罚金人民币1913万元;违法所得人民币1912万余元依法予以追缴，上缴国库

05　2015年7月

　　最高人民法院在第一巡回法庭公开开庭审理本案，最高人民检察院依法派员出庭履行职务

04　2014年12月

　　最高人民检察院认为终审裁定适用法律确有错误，导致量刑不当，并且对类似案件及法律适用有重大误导。于2014年12月按审判监督程序向最高人民法院提出抗诉

03　2014年4月

　　深圳市检察院于2014年4月以适用法律错误、量刑明显不当为由提出抗诉，广东省检察院支持抗诉。广东省高级法院于2014年10月作出终审裁定，驳回抗诉，维持原判。广东省检察院认为终审裁定确有错误，于2014年11月提请最高人民检察院抗诉

02　2014年3月

　　深圳市中级法院认定被告人马乐犯利用未公开信息交易罪，判处有期徒刑3年，缓刑5年，并处罚金人民币1884万元；违法所得予以追缴

01　2011年3月至2013年5月

　　马乐担任博时基金管理有限公司旗下博时精选股票证券投资基金经理，全权负责投资基金投资股票市场，掌握了博时精选股票证券投资基金交易的标的股票、交易时点和交易数量等内幕信息以外的其他未公开信息。马乐在任职期间利用上述未公开信息，操作自己控制的3个股票账户，先于、同期或稍晚于其管理的基金账户，买入或者卖出相同股票76只，累计成交额人民币10.5亿余元，非法获利人民币1912万余元

检察援藏援疆
坚持"六位一体"布局 全面提升援助水平

支援边疆民族地区检察工作发展，是国家推动民族地区发展战略的重要组成部分，是检察机关的重大政治任务。全国检察机关特别是担负对口支援任务的检察机关，牢固树立大局意识，以高度的责任感和自觉性，扎实做好检察机关援藏援疆工作。

1 援藏

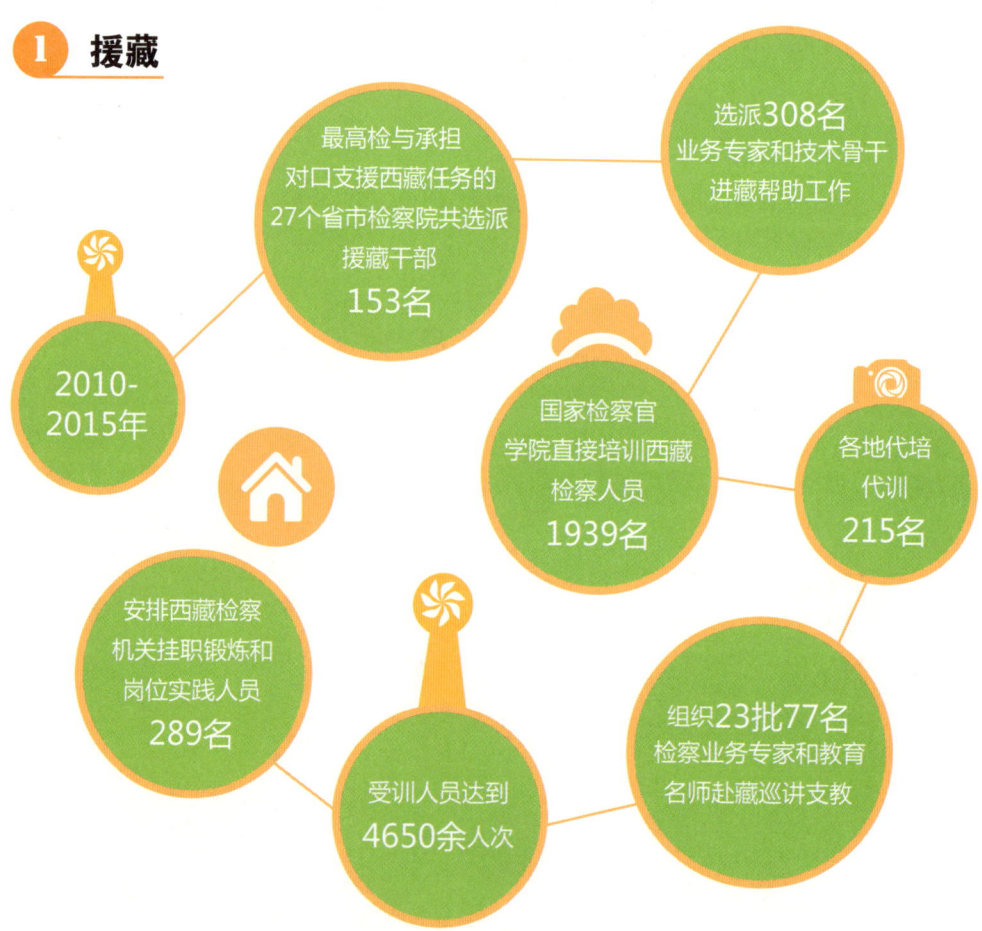

最高检与承担对口支援西藏任务的27个省市检察院共选派援藏干部 153名

选派308名业务专家和技术骨干进藏帮助工作

2010-2015年

国家检察官学院直接培训西藏检察人员 1939名

各地代培代训 215名

安排西藏检察机关挂职锻炼和岗位实践人员 289名

受训人员达到4650余人次

组织23批77名检察业务专家和教育名师赴藏巡讲支教

"六位一体"援助
检察业务援助 干部人才援助
教育培训援助 检察文化援助
信息科技援助 资金项目援助

部署
2015年11月，最高检印发《关于认真贯彻中央第六次西藏工作座谈会精神进一步做好西藏和四省藏区检察工作与检察援藏工作的意见》，明确了检察业务、干部人才、教育培训、检察文化、信息科技、资金项目"六位一体"检察援藏工作任务。

援助内容

检察业务方面

组织检察业务专家和骨干人才实地指导工作；

建立最高检业务部门对口指导、条线指导机制

干部人才方面

加大西藏和四省藏区与内地检察机关领导干部交流任职、双向挂职锻炼力度；

着力优化援藏干部人才结构，增加检察业务骨干援藏比重，及时选派藏区亟需的业务和技术人才；

从2016年起，援藏人才数量、西藏检察人员到对口支援检察院岗位锻炼数量分别从每年50名增加到100名；

最高检各主要业务部门每年接收1名西藏对口业务部门人员短期岗位实践锻炼

教育培训方面

定期组织全国检察教育培训讲师团赴西藏开展实训指导活动，加大远程教育培训力度；

制定西藏和四省藏区检察教育培训师资培养规划，每项主要检察业务培养3至5名骨干教师；

国家检察官学院每年举办4期西藏和四省藏区检察业务骨干培训班，探索建立驻校教官制度，加大对全国检察机关藏汉双语培训基地支持力度

检察文化方面

加大文化人才、文化资金项目、文化交流培训等检察文化援藏力度；

大力支持西藏和四省藏区检察机关利用地域、民族特色文化资源发展检察文化，挖掘宣传扎根边疆的各族检察官典型人物事迹

信息科技方面

把检察信息化建设纳入援藏项目，协助做好统一业务应用系统使用指导和运维保障等工作，促进加快电子检务工程建设；

西藏检察机关每年以挂职代培方式安排3到5名信息技术骨干到最高检培训，选派10名信息技术骨干到对口援助单位进行为期半年的学习培训

资金项目方面

积极争取中央财政加大支持力度，指导西藏和四省藏区检察机关提高统筹运用资金的能力，严格规范援助资金管理，提高使用效率

② 援疆

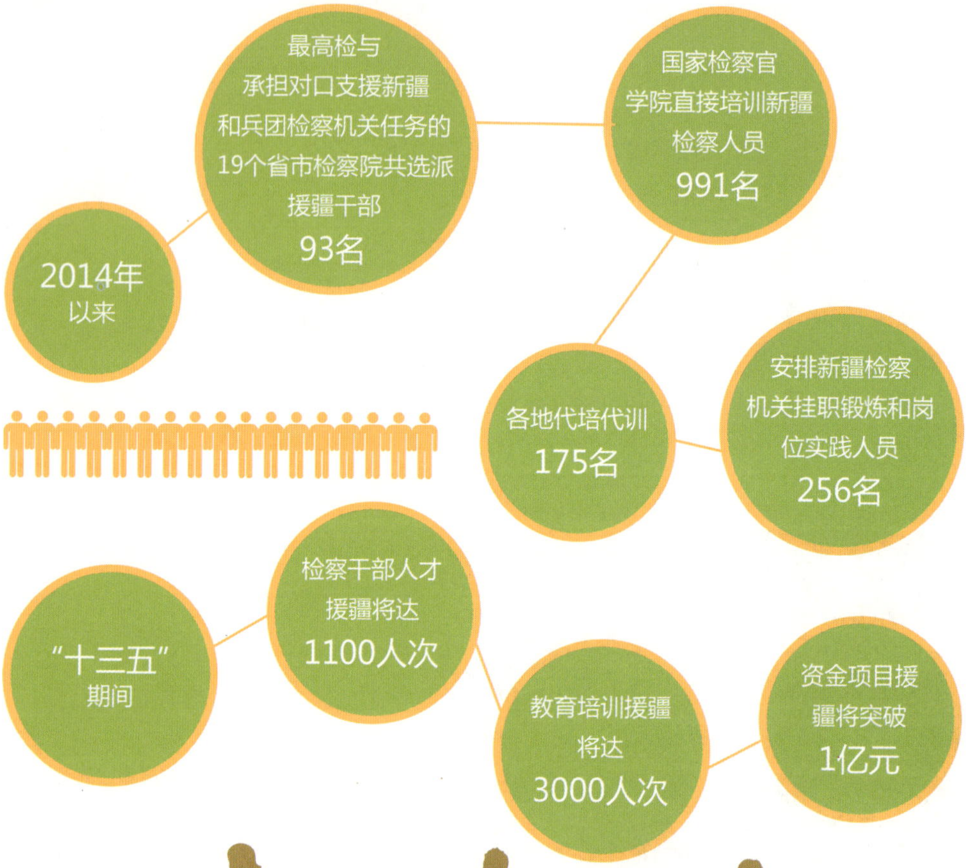

2014年以来

最高检与承担对口支援新疆和兵团检察机关任务的19个省市检察院共选派援疆干部 **93名**

国家检察官学院直接培训新疆检察人员 **991名**

各地代培代训 **175名**

安排新疆检察机关挂职锻炼和岗位实践人员 **256名**

"十三五"期间

检察干部人才援疆将达 **1100人次**

教育培训援疆将达 **3000人次**

资金项目援疆将突破 **1亿元**

7个方面 34项过硬措施

部署

2015年11月，最高检印发《关于进一步加强和推进新形势下检察援疆工作的措施》，提出7个方面34项过硬措施，明确了检察业务、干部人才、教育培训、检察文化、信息科技、资金项目"六位一体"援疆工作任务。

具体要求

检察业务援疆

组织检察业务专家和骨干人才援疆，建立对新疆检察业务工作条线指导机制和疑难案件"会诊"制度，建立"组团式"检察援疆机制；

指导研究服务保障丝绸之路经济带核心区建设的具体措施，研究统一的民族语言法律文书标准文本，促进提升司法规范化水平

干部人才援疆

重点选派新疆检察机关急需紧缺的侦查监督、公诉、职务犯罪侦查、民行检察、案件管理、网络信息技术等专门人才；

多选派后备干部、优秀年轻干部和具有基层工作经历的干部进疆工作

教育培训援疆

完善业务培训与指导一体化巡讲制度，运用网络信息化手段，大力开展远程教育和专题培训，加强新疆检察教育培训师资力量建设；

开展维吾尔语法律、司法解释、检察业务知识相关课程开发、检察工具书和教材编译工作；

推进全国检察机关民汉双语培训基地建设

检察文化援疆

加大文化人才、文化资金项目、文化交流培训等检察文化援疆力度；

注重挖掘宣传扎根边疆、忠诚履职的各族检察官先进事迹

信息科技援疆

加快推进新疆电子检务工程，指导和帮助新疆大力探索利用信息化手段开展办案指导、业务咨询、疑案"会诊"、视频接访，加强对新疆检察信息技术人才业务培训

资金项目援疆

进一步加大资金、项目支援力度，重点帮助新疆检察机关加强基础设施建设和装备建设；

建立援受双方项目清单制度和向援助方反馈制度，健全受援方主导、支援方协同的监督管理制度

惩防职务犯罪年度报告
打造反腐决策智库

惩治和预防职务犯罪年度报告制度是检察机关法律监督职能的具体体现和创新，它对地区职务犯罪发生情况的分析、对发展趋势的预测、对防范对策的建言，能够为决策层提供鲜活的一手参考资料，为完善现行体制和制度提供好的建议。年度报告制度实行以来，对推进惩防腐败体系建设作出了积极贡献。

起始

2010年10月	2011年1月10日	2011年10月12日

最高人民检察院检察长曹建明向十一届全国人大常委会第十七次会议作专项工作报告时表示，各级检察机关要每年形成职务犯罪预防年度综合报告，为党委、政府和有关部门决策提供参考。

浙江省检察院向浙江省委报送了《2009至2010年度我省职务犯罪发生情况、发展趋势和预防对策综合报告》，这是全国第一份省级检察院预防职务犯罪年度报告。

最高人民检察院第十一届检察委员会第六十六次会议通过了《关于实行惩治和预防职务犯罪年度报告制度的意见》，对年度报告的总体要求、主要内容、工作程序、落实与运用等作了明确规定。

推行成效

年度报告：对一县一市一省乃至全国一个时期职务犯罪发生特点、发案规律、犯罪原因及发展变化趋势深入分析，提出体制机制改革、政策调整、制度健全、法律完善等具有全局意义的防治对策

专项报告：根据形势和工作需要，及时提出类案、行业、领域职务犯罪情况以及检察机关开展专项工作情况的专项报告，把一些易发多发行业领域职务犯罪等突出问题尽早反映、尽早报告、尽早解决

新探索：试行将报告向人大代表、政协委员和相关部门以及社会公众广泛公开

各地做法

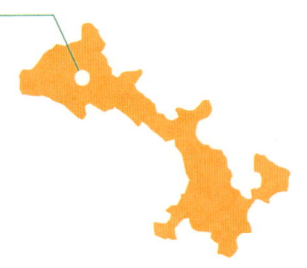

2015年，甘肃省检察院起草的《关于甘肃省检察机关开展"保民生、促三农"专项行动的调研报告》受到国务院副总理汪洋等中央领导的肯定批示。针对办案中发现的制度缺陷和管理疏漏，甘肃省院共提出预防建议584件，帮助整章建制658项，使各项涉农资金做到管理有序、使用有方、发放有据

上海市检察院《2013年惩治和预防职务犯罪年度报告》中提出"建立健全拆除工程管理制度"建议后，上海市住房保障和房屋管理局高度重视，深入开展调查工作，修订了上海市《关于推进拆除工程项目招投标工作的若干意见（试行）》，建立了全覆盖的拆除项目登记制度，加强市区联动检查，实现多部门间的信息共享与联合监管

山西省检察院起草的《2013—2014年山西省检察机关惩治和预防职务犯罪综合报告》得到山西省委书记王儒林、省长李小鹏等主要领导批示；针对涉农领域职务犯罪高发多发的态势，开展全省检察机关查办和预防涉农领域职务犯罪专项活动，在全省推广"临汾曲沃涉农预防工作经验"

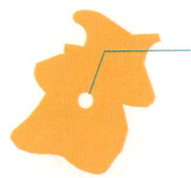

2014年，北京市朝阳区检察院撰写的《朝阳区国有企业职务犯罪调查报告》获得区委书记、区长的批示，促进中石化工程建设公司《招标采购管理规定》等4项工作制度的完善

2015年，浙江省杭州市余杭检察区院结合查办的国税系统案件提出专题报告，并向浙江省国税局发出检察建议，推动浙江省国税局出台了《浙江省国家税务局关于构建出口退税风险防控机制的实施意见》

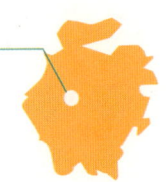

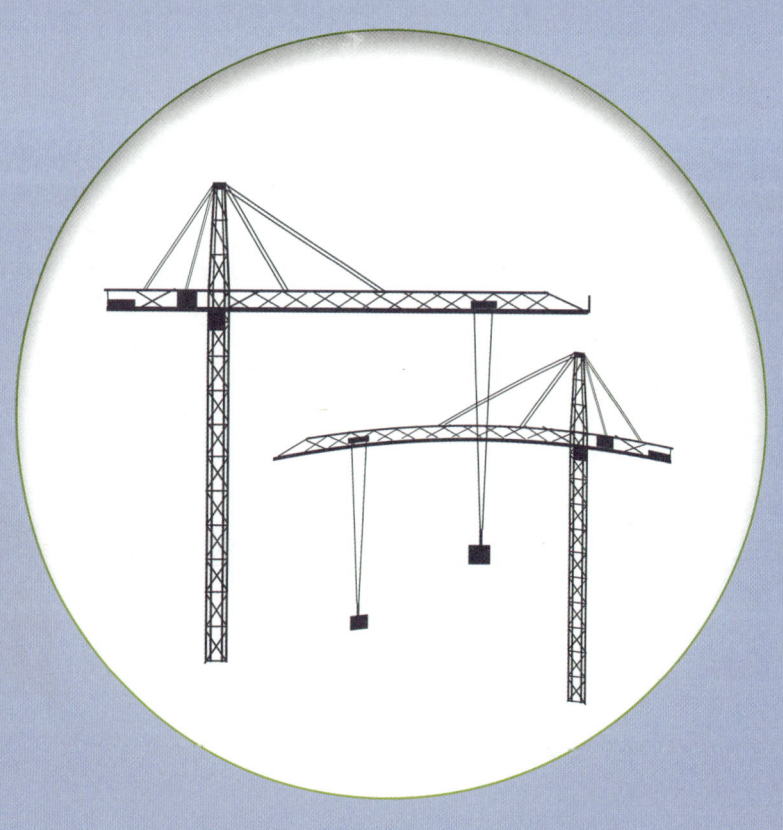

平安篇

平安建设，事关人民安居乐业，

事关社会安定有序，事关国家长治久安。

推进平安中国建设，检察机关责无旁贷。

2015年，全国检察机关充分运用打击、预防、教育、保护等法律手段，

以法治思维和法治方式参与平安建设，

积极参与创新社会治理，切实维护了社会和谐稳定。

反恐怖反分裂
确保国家长治久安

　　各级检察机关公诉部门认真抓好反恐怖反分裂工作，深化严打暴恐专项行动，坚决遏制暴恐犯罪频发势头，坚决防止暴恐活动向内地蔓延，确保国家长治久安。

办案原则

坚持严格依法办案

　　坚持以事实为依据、以法律为准绳，全面审查犯罪嫌疑人、被告人的犯罪动机、主观目的、客观行为和危害后果，正确把握罪与非罪、此罪与彼罪、一罪与数罪的界限。严格依照法定程序，及时、全面收集、固定证据。对造成重大人员伤亡和财产损失，严重危害国家安全、公共安全、社会稳定和民族团结的重特大、敏感案件，坚持分工负责、互相配合、互相制约的刑事诉讼基本原则，做到既准确、及时固定证据、查明事实，又讲求办案效率

坚持宽严相济、区别对待

　　对组织、策划、实施暴力恐怖、宗教极端违法犯罪活动的首要分子、骨干成员、罪行重大者，以及曾因实施暴力恐怖、宗教极端违法犯罪活动受到行政、刑事处罚或者免予刑事处罚又实施暴力恐怖、宗教极端犯罪活动的，依法从重处罚。对具有自首、立功等法定从宽处罚情节的，依法从宽处罚。对情节较轻、危害不大、未造成严重后果，且认罪悔罪的初犯、偶犯，受裹胁蒙蔽参与犯罪、在犯罪中作用较小，以及其他犯罪情节轻微不需要判处刑罚的，可以依法免予刑事处罚

坚持执行宗教、民族政策

　　严格区分宗教极端违法犯罪与正常宗教活动的区别，严格执行党和国家的宗教、民族政策，保护正常宗教活动，维护民族团结，严禁歧视信教群众和少数民族群众，严禁干涉公民信仰宗教和不信仰宗教的自由，尊重犯罪嫌疑人、被告人的人格尊严、宗教信仰和民族习俗

打击严重刑事犯罪
让群众更有安全感

　　2015年，全国检察机关依法打击各类刑事犯罪，深入开展打黑除恶专项斗争，严厉惩治危害人民群众生命财产安全、严重破坏社会管理秩序以及危害民生民利的严重刑事犯罪活动，全力维护国家安全、公共安全以及社会治安大局稳定。

① 严厉打击涉恐犯罪

最高检

最高法　　　公安部

共同研究出台

　　自2014年5月开始，检察机关参与开展为期1年的严厉打击暴力恐怖活动专项行动，及时办理新疆乌鲁木齐"5·22"案件、新疆莎车"7·28"案件等重大暴力恐怖袭击案件。最高检派专人对北京、广东、上海等内地办理的暴恐案件进行审查和指导，保证了案件办理的统一性和准确性，实现了对暴恐相关犯罪的有力打击。

《关于办理暴力恐怖和宗教极端刑事案件适用法律若干问题的意见》

② 打击严重刑事犯罪

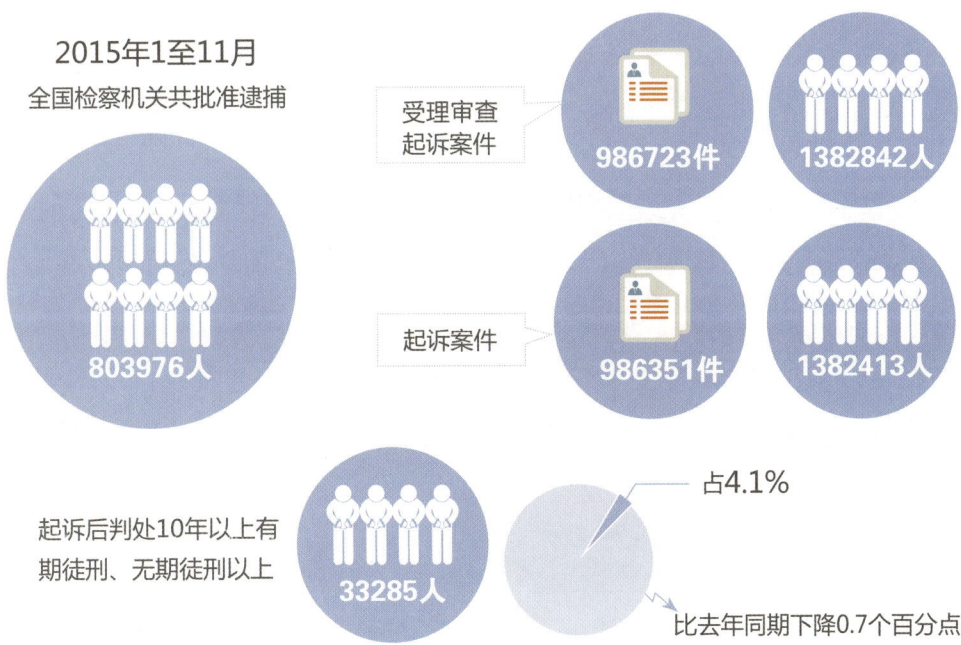

2015年1至11月
全国检察机关共批准逮捕

803976人

受理审查
起诉案件
986723件　　1382842人

起诉案件
986351件　　1382413人

起诉后判处10年以上有期徒刑、无期徒刑以上
33285人

占4.1%

比去年同期下降0.7个百分点

③ 深入开展毒品犯罪严打整治

1 坚持预防与打击并重，努力从源头上减少犯罪

2 加强执法办案专业化建设

检察机关严打整治行动

4 切实加强诉讼监督，有效提升办案质量

3 积极探索打击毒品犯罪的地方特色措施，规范毒品案件办理

2015年1至11月

全国检察机关深入贯彻最高检、国家禁毒委关于禁毒工作的部署，密切同各级禁毒委以及公安、法院等单位的联系配合，依法快捕快诉，严厉打击了一大批重特大毒品犯罪案件。

全国检察机关受理移送审查起诉毒品犯罪案件

142117件
同比上升 28.43%

184651人
同比上升 24.86%

起诉毒品犯罪案件

120335件
同比上升 26.81%

147578人
同比上升 23.16%

打击网络犯罪
保护网络世界的风清气正

随着互联网广泛普及应用，利用互联网的毒品犯罪、传播淫秽物品犯罪、网络虚假信息犯罪呈高发态势。检察机关加强对互联网犯罪问题的研究，开展了一系列打击处置工作，为推进网络空间法治化发挥了重要作用。

① 专项行动

2015年4月以来，公安部部署开展全国公安机关网络扫毒专项行动，仅1个月时间，全国共破获网络涉毒案件800多起，抓获嫌疑人1500余名，缴获毒品600多公斤。检察机关加强协调配合，联合查办网络涉毒犯罪案件，依法严惩首恶和骨干分子。

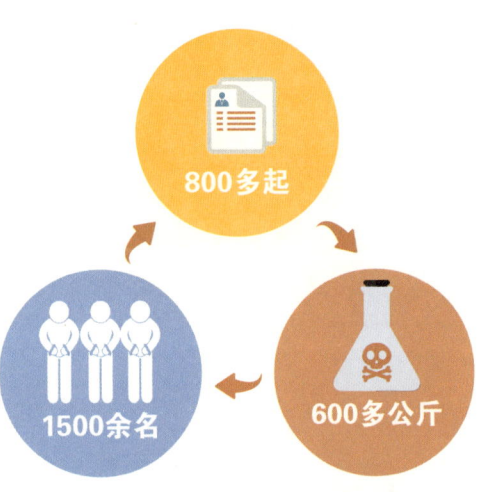

800多起

1500余名

600多公斤

② 各地实践

北京市东城、海淀、石景山等区检察院，均成立了网络犯罪案件专业化处室或办案组，一批典型案件被以"团队作战"的方式成功办理。辽宁省大连市检察院网络犯罪检察监督处自2012年成立以来，已办理此类案件49件90人

采取专业化打击和预防策略

增强法治宣传

江西、四川、福建等地检察机关积极参与"打击网络犯罪宣传周"、"打击网络诈骗电信诈骗"、"清网行动"等专项活动，预防网络犯罪的发生，为维护网络安全发挥了职能作用

③ 典型案例

租用境外服务器架设网站，制作不同类别的钓鱼网页，将网页使用权有偿提供给专门从事网络诈骗活动的不法分子，用来骗取他人的QQ号及密码

在不到半年时间里，这个由6名年轻人组成的犯罪团伙共制作、出售了5800余个钓鱼网页，致18万余组QQ账号及密码被盗，非法获利157万余元

2015年4月，这起公安部挂牌督办的网络盗号案的被告人古悦宏、郭敏、巴特尔、林浩新、古雪丽、林树祥6人因涉嫌非法获取计算机信息系统数据罪，被江苏省扬州经济技术开发区检察院提起公诉

④ 重点工作

2015年6月，国务院批准建立了由23个部门和单位参加的打击治理电信网络新型违法犯罪工作部际联席会议制度，最高检作为成员单位参加，对有关工作性文件研提意见，参加相关会议，并按照联席会议的统一安排开展工作。

2015　　　　　　　　　　　**2016**

2015年10月，最高检与最高法、公安部、国家新闻出版广电总局经过充分调研论证，制定下发《关于依法严厉打击非法电视网络接收设备违法犯罪活动的通知》，对界定非法电视网络接收设备问题进行明确规定和细化，解决了打击非法电视网络接收设备的法律政策难题。

社区服刑人员脱管、漏管专项检察
强化社区矫正法律监督不放松

　　2015年4月至7月，最高检在全国检察机关部署开展社区服刑人员脱管、漏管专项检察活动。

1　主要任务

　　全面准确查清当前社区服刑人员的底数以及刑罚执行的基本情况，核查纠正社区服刑人员脱管、漏管和虚管等问题，严厉打击社区服刑人员又犯罪，依法查办发生在刑罚执行和监管活动中的职务犯罪，进一步健全和完善社区矫正检察工作体制机制，促进社区矫正活动依法、公正、规范进行。

2　活动内容

社区服刑人员的底数清

社区服刑人员又犯罪的情况清

通过核查摸底
实现"四清"

社区服刑人员脱管、漏管和虚管的情况清

社区服刑人员刑罚变更执行违法的情况清

　　对掌握的社区服刑人员进行清理、核对、建立台账，查明基本情况和底数。与司法行政机关、公安机关等执行机关协调沟通，查明社区服刑人员脱管、漏管的情况及其原因

　　采取多方法、多渠道，核查了解执行机关在管理教育活动中是否存在有列管无监管或者监管不到位的虚管问题。检察机关还要对现有的社区服刑人员刑罚变更执行情况进行核查，逐人、逐项记录台账。特别是对暂予监外执行罪犯要逐人见面，重点检察刑罚执行机关落实《暂予监外执行规定》要求的"每三个月审查保外就医罪犯的病情复查情况"，强化对暂予监外执行罪犯适用社区矫正的监督

羁押必要性审查
宽严相济保障人权

"犯罪嫌疑人、被告人被逮捕后，人民检察院仍应当对羁押的必要性进行审查。对不需要继续羁押的，应当建议予以释放或者变更强制措施。有关机关应当在十日以内将处理情况通知人民检察院。"

1 相关规定

人民检察院发现有下列情形之一的，可以向有关机关提出予以释放或者变更强制措施的书面建议：

01 （一）案件证据发生重大变化，不足以证明有犯罪事实或者犯罪行为系犯罪嫌疑人、被告人所为的

02 （二）案件事实或者情节发生变化，犯罪嫌疑人、被告人可能被判处管制、拘役、独立适用附加刑、免予刑事处罚或者判决无罪的

03 （三）犯罪嫌疑人、被告人实施新的犯罪，毁灭、伪造证据，干扰证人作证，串供，对被害人、举报人、控告人实施打击报复，自杀或者逃跑等的可能性已被排除的

04 （四）案件事实基本查清，证据已经收集固定，符合取保候审或者监视居住条件的

05 （五）继续羁押犯罪嫌疑人、被告人，羁押期限将超过依法可能判处的刑期的

06 （六）羁押期限届满的

07 （七）因为案件的特殊情况或者办理案件的需要，变更强制措施更为适宜的

08 （八）其他不需要继续羁押犯罪嫌疑人、被告人的情形

② 办案数据

2015年1月至11月

全国检察机关对羁押必要性审查提出建议

刑事执行检察部门
16915人

侦查监督部门
5289人

公诉部门
3588人

全国检察机关刑事执行检察部门共受理羁押必要性审查案件
17711人

无羁押必要性，提出释放或者变更强制措施建议
16915人

被采纳
16399人

③ 司法实践中的做法

犯罪嫌疑人、被告人及其法定代理人、近亲属或者辩护人可以申请人民检察院进行羁押必要性审查，申请时应当说明不需要继续羁押的理由，有相关证据或者其他材料的，应当提供

人民检察院发现或者根据犯罪嫌疑人、被告人及其法定代理人、近亲属或者辩护人的申请，经审查认为不需要继续羁押的，应当建议有关机关予以释放或者变更强制措施

在看守所羁押的犯罪嫌疑人、被告人可以向驻所检察人员提出羁押必要性审查申请，人民检察院应当进行审查，并及时答复申请人

未成年人刑事检察
为青少年健康成长护航

　　全国检察机关依法履行法律监督职责，进一步加强未成年人检察工作的专业化、规范化建设，努力教育、感化、挽救涉罪未成年人，严厉打击侵犯未成年人权益的犯罪活动，全力保护未成年人权益。

1　办案情况

全国检察机关共受理侦查机关移送审查起诉的未成年人刑事案件

提起公诉

 27726件　 45293人

 29579件　 46914人　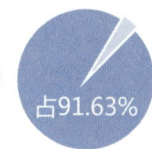 占91.63%

决定不起诉

决定附条件不起诉

 2772件　 4283人　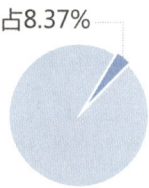 占8.37%

 3232人

附条件不起诉后起诉  84人

附条件不起诉考验期满后不起诉  1953人

法院已作出生效判决  38570人

 7396人
判处管制、拘役

 631人
免予刑事处罚

 6人
无罪

 13446人
适用缓刑

② 决策部署

2015年3月2日，最高人民检察院会同最高人民法院、公安部、司法部印发《关于依法办理家庭暴力犯罪案件的意见》，明确了办理此类案件的基本原则、案件受理、定罪处罚和其他措施。

2015年3月24日，最高人民检察院向全国人大常委会书面报告了关于贯彻落实全国人大常委会执法检查组《关于检查<中华人民共和国未成年人保护法>实施情况的报告》及审议意见情况。

2015年5月27日，最高人民检察院召开"检察机关加强未成年人司法保护新闻发布会"，通报全国未成年人检察工作基本情况，发布《检察机关加强未成年人司法保护八项措施》以及10个典型案（事）例。

在江苏无锡召开全国检察机关未成年人刑事检察工作座谈会。会议总结了3年来未检工作取得的突出成绩，深刻分析了未检工作面临的新形势新任务，强调要进一步加强未检工作专业化、规范化建设，并明确了工作思路和具体措施。

③ 《检察机关加强未成年人司法保护八项措施》

将检察机关的司法保护对象，从以前的刑事检察工作中的涉罪未成年人，进一步扩大范围到未成年被害人以及检察机关办理所有案件过程中涉及的未成年人，实现对未成年人司法保护对象范围的全覆盖。

八项措施

- 严厉惩处各类侵害未成年人的犯罪
- 努力保护救助未成年被害人
- 最大限度教育挽救涉罪未成年人
- 充分发挥法律监督职能优势
- 积极参与犯罪预防和普法宣传工作
- 建立检察机关内部保护未成年人联动机制
- 推动完善政法机关衔接配合以及跨部门合作机制
- 推动建立未成年人司法借助社会专业力量的长效机制

检察机关要严厉惩处性侵害、拐卖、绑架、遗弃、伤害、虐待未成年人等各类侵害未成年人的犯罪；在审查逮捕、审查起诉、职务犯罪侦查等工作中，发现犯罪嫌疑人、被告人家中有无人照料的未成年人，或者发现未成年人合法权益保护方面存在漏洞和隐患的，应当及时通知并协助未检部门介入干预

加大对侵害未成年人权益、怠于落实未成年人保护制度方面职务犯罪的查处力度，依法严惩侵吞、挪用、违法发放未成年人专项救助、救济资金等贪污犯罪，对国家工作人员发现或者应当发现未成年人权益受到侵害或可能受到侵害，应当采取措施而未采取措施，导致未成年人重伤或者死亡等严重后果的，应当依法及时查办

要求强化对各类侵害未成年人犯罪的立案、侦查和刑事审判、刑事附带民事审判活动的法律监督。对公安机关、法院处理监护侵害行为的工作加强法律监督，确保未成年人得到妥善监护照料

4 最高检成立未成年人检察工作办公室

2015年12月，最高人民检察院未成年人检察工作办公室正式成立。

最高检未检办的
主要职责

01 负责全国未成年人检察工作的综合业务指导、未成年人涉嫌犯罪案件、侵害未成年人人身权利犯罪案件审查逮捕、审查起诉、出庭公诉以及涉及未成年人的刑事、民事、行政诉讼监督活动的个案指导

02 调查研究与未成年人检察工作有关的法律、法规、政策执行情况

03 研究提出完善未成年人检察工作规范和机制的意见

04 研究提出检察机关依法履行检察职能、参与青少年维权活动和预防未成年人犯罪的有效模式和意见

05 承担与中央预防青少年违法犯罪专项组的联络工作

06 办理其他与未成年人检察工作相关的事项

公正篇

公正是法治的生命线，司法公正对社会公正具有重要引领作用。

2015年，检察机关按照党中央部署要求，

坚持严格公正司法，不断提高司法公信力，

让司法真正守住社会公平正义的最后防线，

努力让人民群众在每一起案件中感受到公平正义。

刑罚执行检察监督专项报告
积极回应人民期待 加强刑罚执行监督

2015 年 11 月 2 日,曹建明检察长在第十二届全国人民代表大会常务委员会第十七次会议上作关于刑罚执行监督工作情况的报告时指出,2010 年以来,全国检察机关紧紧围绕刑罚执行关键环节和重点部位,完善制度机制,提升能力素质,加大监督力度,刑罚执行监督工作取得新成绩。

加强对减刑、假释、暂予监外执行的同步监督,防止和纠正违法、不当减刑、假释、暂予监外执行情形

加强对刑罚交付执行的监督,特别是对判决前未羁押罪犯判实刑后未交付执行的监督,以及对余刑 3 个月以上罪犯违法留所服刑的监督,防止和纠正不依法交付执行等问题

通过派驻检察、巡回检察、巡视检察等方式,加强对监狱、看守所刑罚执行活动的监督

按照刑事诉讼法、人民检察院组织法的规定,检察机关对刑罚执行活动是否合法实行法律监督

加强对社区矫正的监督,防止和纠正社区服刑罪犯脱管、漏管等问题

查办和预防刑罚执行中的贪污受贿、失职渎职等职务犯罪行为

对罚金、剥夺政治权利、没收财产等附加刑执行进行监督,促进刑事判决、裁定依法执行

严厉打击监管场所服刑罪犯的脱逃、行凶、破坏监管秩序等又犯罪活动,惩治"牢头狱霸"

依法受理服刑罪犯的控告、举报、申诉,防止和纠正冤假错案,维护服刑罪犯的合法权益

1 坚决纠正刑罚执行中的突出问题

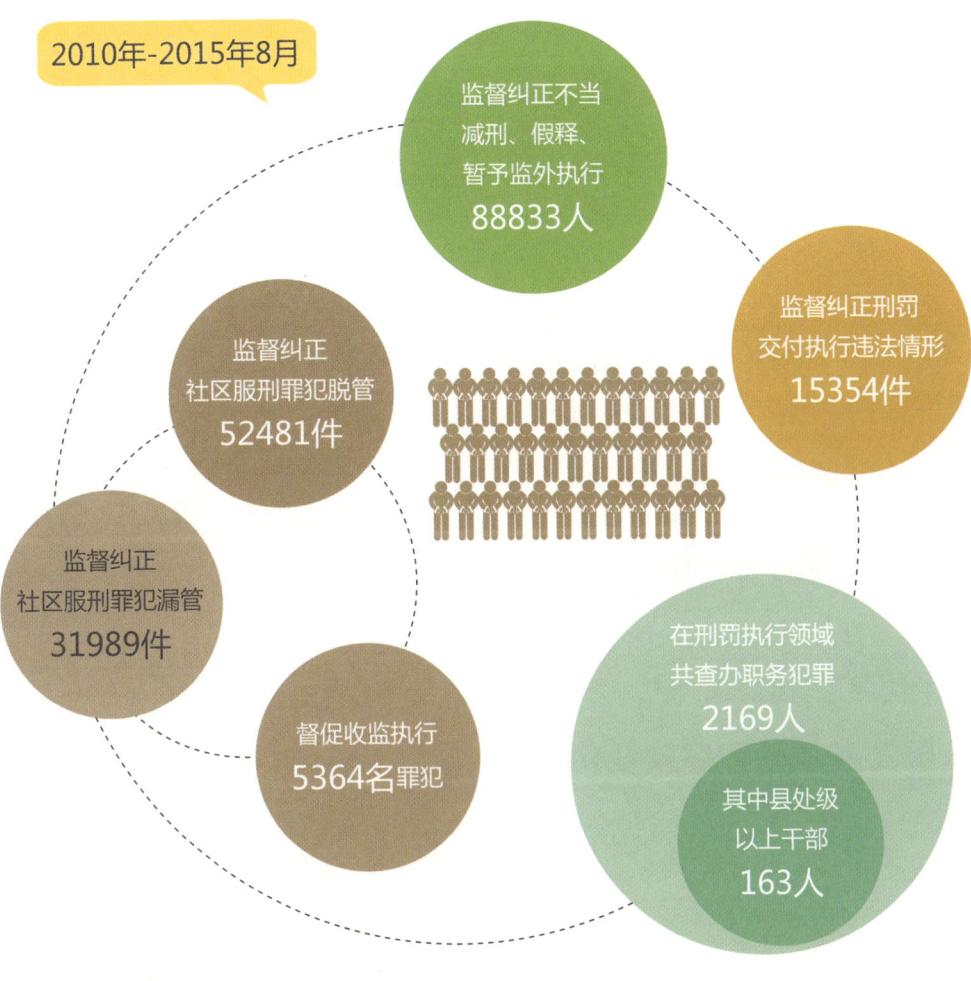

2010年-2015年8月

监督纠正不当
减刑、假释、
暂予监外执行
88833人

监督纠正刑罚
交付执行违法情形
15354件

监督纠正
社区服刑罪犯脱管
52481件

监督纠正
社区服刑罪犯漏管
31989件

督促收监执行
5364名罪犯

在刑罚执行领域
共查办职务犯罪
2169人

其中县处级
以上干部
163人

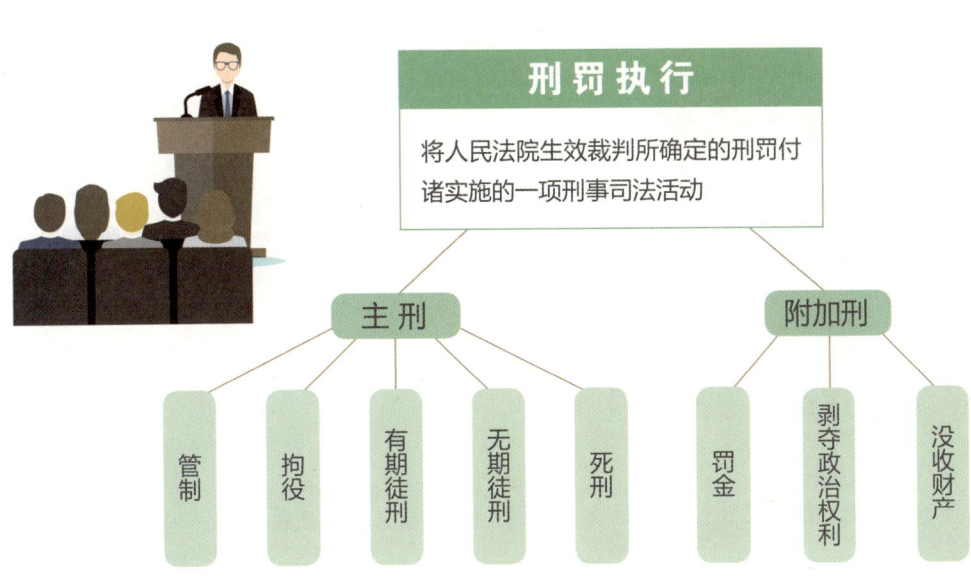

刑罚执行

将人民法院生效裁判所确定的刑罚付诸实施的一项刑事司法活动

主刑
- 管制
- 拘役
- 有期徒刑
- 无期徒刑
- 死刑

附加刑
- 罚金
- 剥夺政治权利
- 没收财产

2 依法保护罪犯合法权益

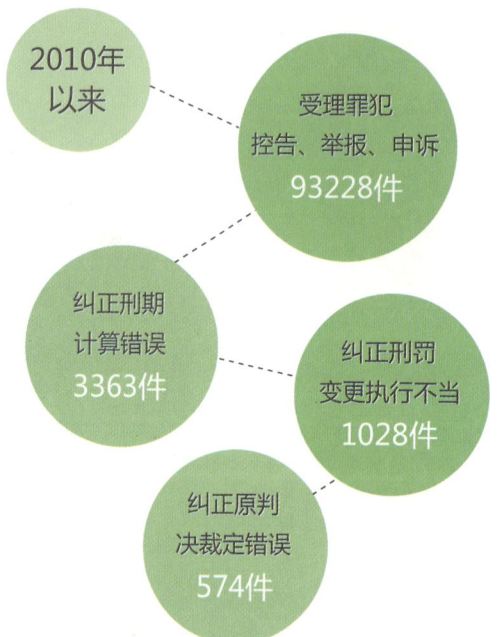

2010年以来

2010年以来
监督纠正超时超体力劳动、体罚虐待、违法使用械具和禁闭等情形

19617件

受理罪犯控告、举报、申诉
93228件

查办体罚虐待被监管人的职务犯罪案件

317件

纠正刑期计算错误
3363件

纠正刑罚变更执行不当
1028件

纠正原判决裁定错误
574件

3 维护监管秩序安全稳定

2010年以来
起诉涉嫌又犯罪罪犯 **11536人**

涉嫌故意杀人故意伤害等严重暴力犯罪
2902人

涉嫌破坏监管秩序犯罪
479人

涉嫌脱逃犯罪
696人

2010年以来
针对监管场所安全隐患问题提出检察建议

24193件

4 加强纪律作风建设

2010年以来
共查处涉嫌违纪违法的刑罚执行检察人员

69人

5 制度和举措

加强对刑罚变更执行的监督

2010年10月，组织开展保外就医专项检察，监督纠正不符合保外就医条件的罪犯555人

2012年9月，会同有关部门开展职务犯罪罪犯减刑、假释及保外就医专项检察

2014年3月-12月，以职务犯罪、金融犯罪、涉黑犯罪罪犯减刑假释暂予监外执行为重点开展专项检察，对2244名罪犯依法收监执行，其中原厅局级以上职务犯罪罪犯121人

2014年6月，建立对职务犯罪罪犯减刑假释暂予监外执行案件的备案审查制度

2014年8月，颁布人民检察院办理减刑、假释案件规定，建立检察机关逐案审查减刑、假释案件制度

2014年10月，会同有关部门发布暂予监外执行规定

2015年6月，部署在8个省市检察机关开展试点，会同监狱、法院共建减刑假释网上协同办案平台

加强对刑罚交付执行的监督

2013年，与公安部、司法部共同开展罪犯交付执行与留所服刑专项清理活动，清理出余刑3个月以上的罪犯32259人，督促法院和看守所及时交付监狱执行

2014年，针对一些罪犯判决前未羁押、判实刑后又未执行刑罚的问题，组织开展专项核查

与法院、看守所、监狱建立刑罚执行信息互通机制

加强对社区矫正的监督

2012年，会同最高法、公安部、司法部联合制定社区矫正实施办法，明确检察监督具体程序

2015年4月，部署开展社区服刑罪犯脱管漏管专项检察

严肃查办和预防刑罚执行中的职务犯罪

坚持纠正违法与查办职务犯罪相结合

及时开展以案释法和警示教育

提出检察建议，促进堵塞漏洞

认真办理控告、举报、申诉，推动纠正冤假错案

畅通权利救济渠道，及时审查处理罪犯诉求

2015年2月，最高检制定下发指导意见，要求刑罚执行监督部门切实增强防错、纠错的职业责任感

依法监督纠正侵犯罪犯合法权益的监管行为

加强对监管活动的动态监督

专门部署械具和禁闭使用情况专项检察

依法保护未成年和年老病残罪犯合法权益

2012年，会同最高法、司法部开展年老病残罪犯刑罚执行情况专项检查

2015年4月，开展未成年罪犯分押情况专项检察

认真贯彻执行2015年8月29日全国人民代表大会常务委员会通过关于特赦部分服刑罪犯的决定，会同有关部门联合制定实施办法

加强与执行机关的协作配合，共同维护监管秩序安全稳定

2009年10月至2010年2月，会同司法部开展集中整治，逐个监室排查是否存在"牢头狱霸"现象

2010年以来，先后会同公安部和司法部，在全国看守所、监狱开展"清查事故隐患、促进安全监管"专项活动

强化检察队伍建设，着力提升刑罚执行监督水平

■ **加强派出派驻检察机构建设**

2011年，召开派出派驻检察机构建设工作会议，出台加强派驻监管场所检察室建设的意见，实行派驻检察室规范化等级管理制度

积极推进派驻检察室与监管场所信息联网、监控联网

探索建立巡视检察制度

■ **加强刑罚执行监督规范化建设**

制定监狱检察、监外执行检察、临场监督执行死刑、被监管人死亡检察等规定

2014年12月，部署开展规范司法行为专项整治，将刑罚执行监督工作作为专项整治的重点之一

■ **加强队伍素能和纪律作风建设**

深入开展党的群众路线教育实践活动和"三严三实"专题教育

广泛开展向全国模范检察官张飚同志学习活动

2012年、2015年两次举办全国刑罚执行监督业务竞赛活动

虚假诉讼监督
不让"假官司"损害司法权威

2015年以来，全国检察机关深入开展虚假诉讼监督活动，有效纠正了一批错误的生效裁判和调解，打击了犯罪，维护了法律尊严和司法权威。

虚假诉讼

所谓虚假诉讼，一般指民事诉讼的当事人为了获取非法利益，通过伪造证据，虚构案件事实，向人民法院提起诉讼，利用法院的审判权、执行权，非法侵占或损害国家利益、社会公共利益和他人合法权益的诉讼行为

1 法律规定

近年来，虚假诉讼案件在司法实践中呈多发、高发态势，严重影响了司法秩序、司法公信和司法权威。为了打击虚假诉讼，2012年修改的《中华人民共和国民事诉讼法》专门增加了有关规定

第十三条规定："民事诉讼应当遵循诚实信用原则。"

第一百一十二条规定："当事人之间恶意串通，企图通过诉讼、调解等方式侵害他人合法权益的，人民法院应当驳回其请求，并根据情节轻重予以罚款、拘留；构成犯罪的，依法追究刑事责任。"

在2015年8月29日全国人大常委会通过的《中华人民共和国刑法修正案（九）》中专门增加了关于虚假诉讼罪的规定，即"以捏造的事实提起民事诉讼，妨害司法秩序或者严重侵害他人合法权益的，处三年以下有期徒刑、拘役或者管制，并处或者单处罚金；情节严重的，处三年以上七年以下有期徒刑，并处罚金"。

第一百一十三条规定："被执行人与他人恶意串通，通过诉讼、仲裁、调解等方式逃避履行法律文书确定的义务的，人民法院应当根据情节轻重予以罚款、拘留；构成犯罪的，依法追究刑事责任。"

该条文的第二、三、四款还分别对单位犯虚假诉讼罪、同时构成其他犯罪情形的处理以及司法工作人员犯罪作出规定

② 措施成效

最高检在2014年、2015年的全国民事行政检察工作要点中，均明确部署要加大对虚假诉讼案件的监督力度。2015年，围绕虚假诉讼监督，主要开展了两项活动

2015年1月-5月组织开展全国范围内的虚假诉讼监督专项调研活动

要求各地结合工作实际，开展虚假诉讼专项监督活动。湖北、山东、江苏、内蒙古、黑龙江、山西、重庆、天津等地均组织开展了专项监督活动

01 书面调研
2014年年底印发通知，要求各地对2012年以来开展虚假诉讼监督工作的情况进行全面总结

调研分为三个阶段

02 实地调研
最高检派员到案件数量多、监督效果好的江苏、山东、广东、江西等地开展实地调研，召开座谈会，组织案件研讨，剖析典型案例

分析总结
在书面调研和实地调研的基础上，最高检民事行政检察厅起草了15000余字的综合调研报告，总结了3年来开展虚假诉讼监督工作的情况，梳理问题，提出了解决问题的对策建议并印发了20个民事虚假诉讼监督典型案例

03

地方典型做法

- 江苏省检察院自2013年8月起在全省组织开展了为期两年的虚假诉讼专项活动，共对780余件案件审查认定为虚假诉讼并提出监督意见。目前，已有包括6名法官、1名律师在内的90名参与虚假诉讼的人员被追究刑事责任

- 山东省滨州市检察机关在办理涉及3000余万元的3起系列虚假调解及2起违法执行监督案件中，综合运用再审检察建议、纠正违法检察建议等多种手段，促使法院对相关调解书全部裁定撤销，3名伪造证据的案件当事人被判刑

行政诉讼监督
推动公正司法　促进依法行政

　　修改后行政诉讼法进一步明确了检察机关对法院行政诉讼活动进行全程监督的职责，丰富了检察机关的监督方式，规范了相关监督程序。2015年以来，行政诉讼监督工作在最高检的统一部署和各地检察机关的努力推进下取得了明显成效，对行政诉讼检察监督的力度进一步加大。

1 **办案情况**

2015年1 – 11月

6.6%

审结不服生效裁判监督案件**3067**件

53.3%

终止审查**184**件

16.4%

作出不支持监督申请（不抗诉）决定**2431**件

❷ 工作变化

监督范围

从过去主要对审判活动进行监督，扩展为对受理、审理、裁判、执行进行监督，涵盖了行政诉讼全过程

监督对象

从过去主要监督人民法院生效裁判，拓展为生效裁判、调解书、审判人员违法行为和行政执行活动

监督方式

从过去法律规定的抗诉，发展为抗诉、检察建议等多元化的方式

案件来源

从过去主要以当事人申请为主，发展到除当事人申请外，还可以通过检察机关履行职责发现、依职权监督

❸ 工作规划

 继续组织开展好修改后行政诉讼法的学习贯彻工作，及时组织全员学习培训，并结合行政检察工作实际，认真分析修改后行政诉讼法对工作带来的影响，及时解决贯彻实施中出现的问题

 出台《人民检察院行政诉讼监督规则（试行）》，细化、规范行政诉讼监督办案程序

 加大对行政检察工作的宣传力度，利用好各类传统媒体和新型媒介，让广大群众深入了解行政检察职能，畅通申诉渠道，提高行政诉讼监督工作的社会认知度

亮剑"冤假错案"
发现一起纠正一起

　　检察机关是国家法律监督机关,处于打击犯罪、保障人权的前沿阵地,承担着对立案、侦查、审判、刑罚执行和监管活动的法律监督职责,在确保法律统一正确实施,纠正防止冤假错案方面具有不可替代的重要作用。一年来,检察机关在开展诉讼监督中严把事实关、证据关、程序关、法律关,推动一系列冤错案件得到纠正。

1 工作部署

充分利用检察工作一体化优势,建立监督纠正重大冤假错案工作机制

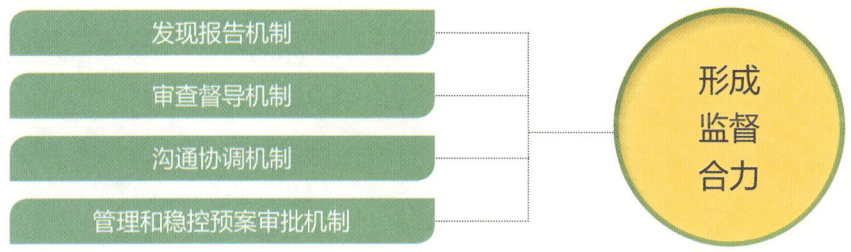

发现报告机制
审查督导机制
沟通协调机制
管理和稳控预案审批机制

形成
监督
合力

2 工作数据

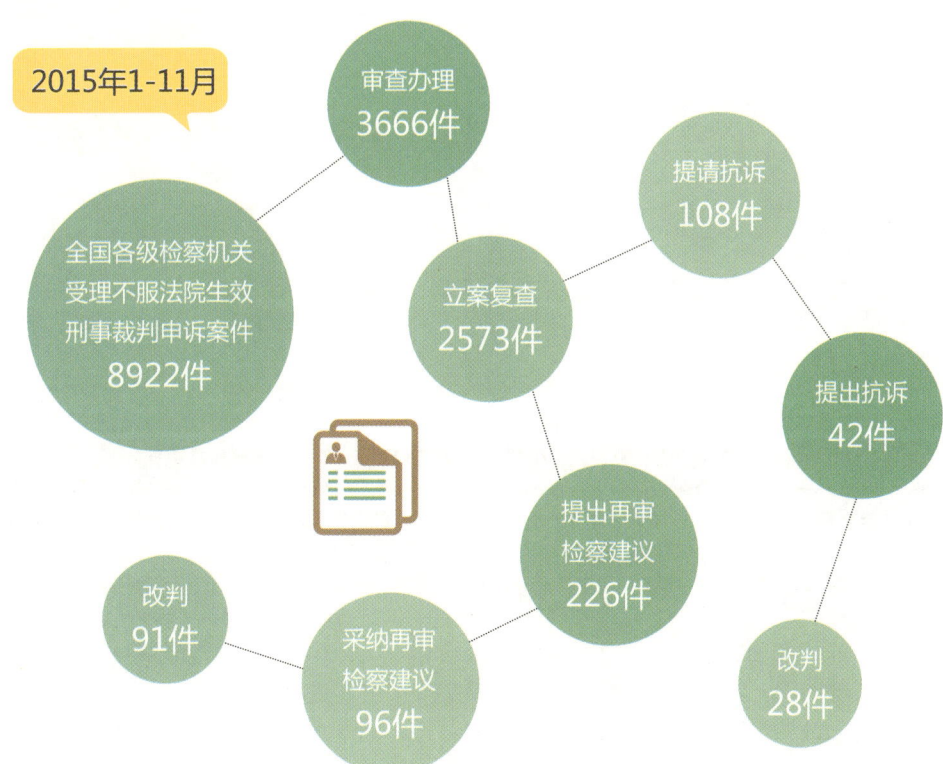

2015年1-11月

审查办理
3666件

提请抗诉
108件

全国各级检察机关
受理不服法院生效
刑事裁判申诉案件
8922件

立案复查
2573件

提出抗诉
42件

提出再审
检察建议
226件

改判
91件

采纳再审
检察建议
96件

改判
28件

3 典型案例

贵州杨明故意杀人申诉案

2015年8月11日，贵州省高级法院对"杨明故意杀人案"再审宣判：杨明无罪。

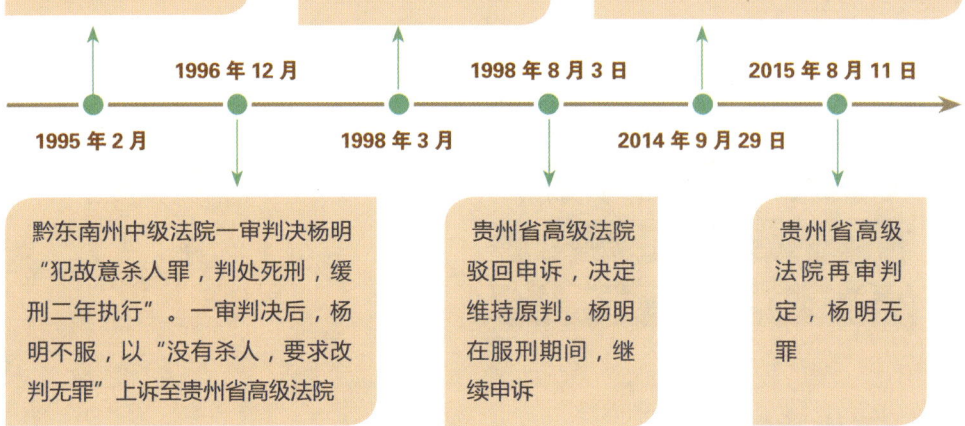

贵州省天柱县一位名叫王红（化名）的女性被害。天柱县凤城镇人杨明被锁定为犯罪嫌疑人，后被逮捕、起诉

贵州省高级法院做出终审裁定，"维持原判，驳回上诉"。杨明仍不服，以"没有杀害被害人"为由进行申诉

杨明案出现转机，贵州省检察院对该案启动复查，并于2015年4月，以"生效判决书事实不清、证据不足"为由，向贵州省高级法院提出再审检察建议。

1995 年 2 月　　1996 年 12 月　　1998 年 3 月　　1998 年 8 月 3 日　　2014 年 9 月 29 日　　2015 年 8 月 11 日

黔东南州中级法院一审判决杨明"犯故意杀人罪，判处死刑，缓刑二年执行"。一审判决后，杨明不服，以"没有杀人，要求改判无罪"上诉至贵州省高级法院

贵州省高级法院驳回申诉，决定维持原判。杨明在服刑期间，继续申诉

贵州省高级法院再审判定，杨明无罪

云南钱仁风投放危险物质申诉案

云南省巧家县一幼儿园发生一起重大投毒案件，一名2岁女童摄入"毒鼠强"身亡，另有两名儿童经抢救脱险。幼儿园17岁的打工人员钱仁风被认为有重大作案嫌疑

云南省高级法院裁定驳回上诉，维持原判。入狱后，钱仁风坚称无罪，不断申诉

云南省检察院认为，该案"事实不清，证据不足"，向云南省高级法院提出再审检察建议

云南省高级法院以原判事实不清，证据不足，宣告钱仁风无罪

2002 年 2 月 22 日　　2002 年 9 月　　2002 年 12 月　　2013 年 7 月 29 日　　2014 年 5 月 12 日　　2015 年 5 月 4 日　　2015 年 12 月 21 日

昭通市中级法院认定钱仁风构成投放危险物质罪，判处其无期徒刑。钱仁风不服，提出上诉

云南省检察院调取钱仁风投放危险物质案的全部卷宗，正式立案复查

云南省高级法院认为该案"据以定罪量刑的证据不确实，不充分，依法应当予以排除"，决定再审

构筑新型检律关系
保障律师依法执业　共同维护司法公正

　　检察官和律师同属法律职业共同体，都是法治工作队伍的重要组成部分，秉承相同的法治理念、职业信仰和价值观，肩负共同的历史使命。

　　2015年以来，全国检察机关严格落实各项法律规定和要求，依法保障律师知情权、会见权、阅卷权、申请收集和调取证据权，认真听取辩护和代理意见，认真履行对其他执法司法机关在刑事诉讼中妨碍律师依法行使诉讼权利的法律监督，积极保障和促进律师依法执业，着力构建检察官与律师良性互动关系。

① 数据

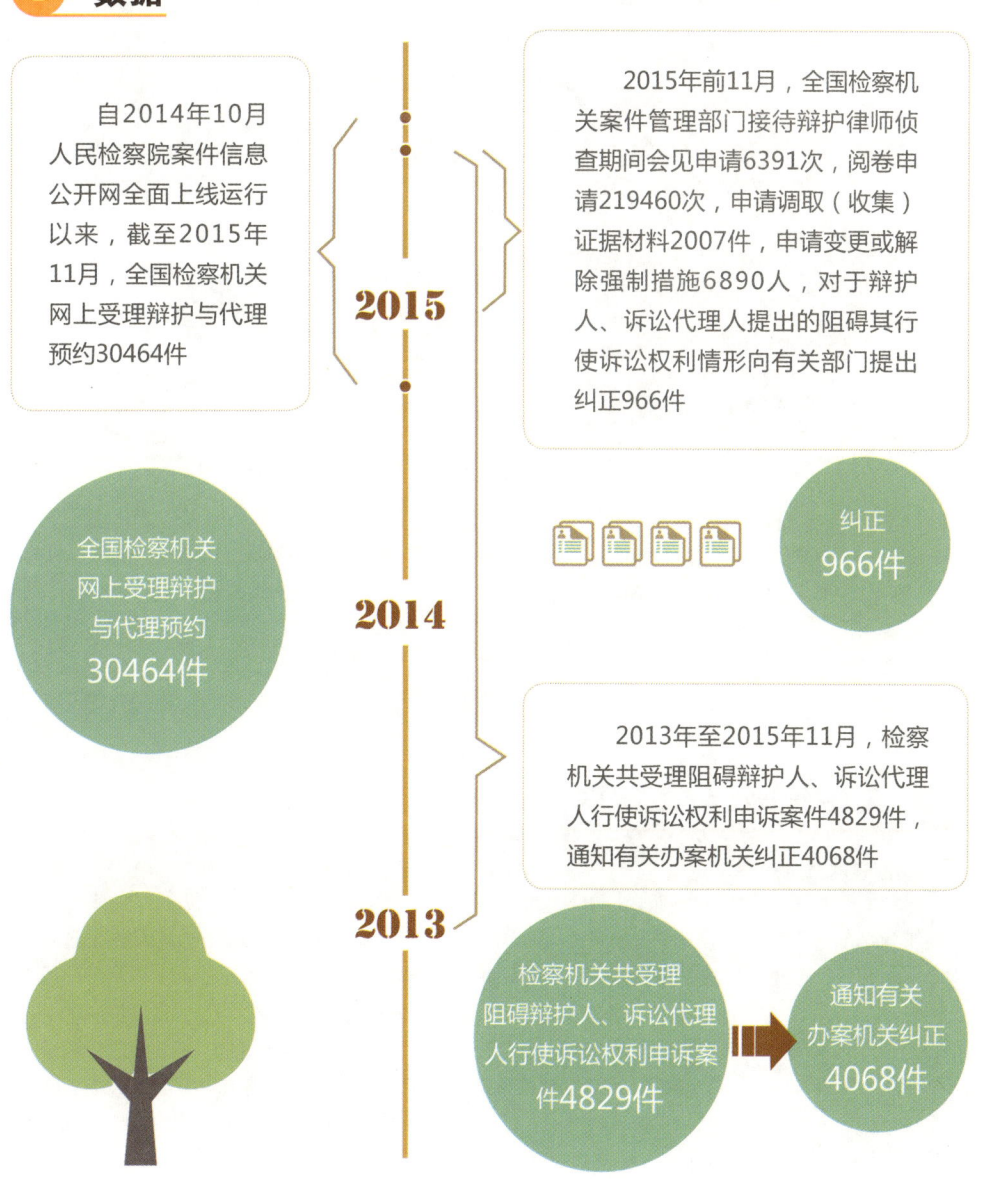

自2014年10月人民检察院案件信息公开网全面上线运行以来，截至2015年11月，全国检察机关网上受理辩护与代理预约30464件

2015年前11月，全国检察机关案件管理部门接待辩护律师侦查期间会见申请6391次，阅卷申请219460次，申请调取（收集）证据材料2007件，申请变更或解除强制措施6890人，对于辩护人、诉讼代理人提出的阻碍其行使诉讼权利情形向有关部门提出纠正966件

2015

2014

全国检察机关网上受理辩护与代理预约 30464件

纠正 966件

2013年至2015年11月，检察机关共受理阻碍辩护人、诉讼代理人行使诉讼权利申诉案件4829件，通知有关办案机关纠正4068件

2013

检察机关共受理阻碍辩护人、诉讼代理人行使诉讼权利申诉案件4829件

通知有关办案机关纠正 4068件

② 规范化建设

各地检察机关转变原来的职务犯罪侦查部门、侦查监督部门、公诉部门多头接待律师的模式，由案件管理部门统一归口对外接待，以"行使权利找案管"的一站式服务模式保障律师权利

2014年12月，最高检出台《最高人民检察院关于依法保障律师执业权利的规定》、《最高人民检察院关于规范检察人员和律师接触、交往行为的规定》。2015年9月，"两高三部"联合发布了《关于依法保障律师执业权利的规定》

2014年年底以来，各地检察机关集中开展了涉及律师权利保障方面的规范司法行为专项整治工作，针对限制律师执业权利等突出问题，开展重点跟踪、监督，督促办案部门严格按照法律规定落实辩护人、诉讼代理人的诉讼权利，把律师权利保障的落实情况纳入重点审查内容，发现问题，及时纠正，对侵犯律师执业权利等违法行为，依法依规严肃处理

最高检在全国检察机关统一建立人民检察院案件信息公开网，搭建案件程序性信息查询、法律文书公开、辩护与代理预约、重要案件信息公开等四大平台

检察机关积极探索推动建立律师代理申诉制度。2014年4月，最高检出台《人民检察院复查刑事申诉案件规定》。《规定》明确，申诉人委托律师代理申诉，且符合受理条件的，应当受理

③ 保障律师"六项权利"

依法保障律师的知情权 ▶ 加强律师接待窗口建设，畅通律师接待渠道，规范律师接待流程，进一步深化对律师的检务公开。健全及时主动公开和依申请公开制度，依托案件信息公开系统，将案件程序性信息及时上网，供辩护律师查询；对移送审查起诉、退回补充侦查、提起公诉等重大程序性决定，以及立案侦查案件报请上一级检察院审查决定逮捕的，依法及时告知辩护律师；对辩护律师依法了解犯罪嫌疑人、被告人涉嫌或者被指控罪名、采取强制措施、延长羁押期限等情况的，及时告知相关信息

依法保障律师的会见权

2012年，最高检在《人民检察院刑事诉讼规则（试行）》中，明确规定了"特别重大贿赂犯罪"的具体情形。2014年，最高检专门就特别重大贿赂犯罪案件律师会见问题作出规定。2015年8月颁布的《职务犯罪侦查工作八项禁令》进一步明确提出，"对于法律规定无需会见许可的案件，不得人为设置障碍，干扰、影响律师会见；对于特别重大贿赂犯罪案件，应根据办案情况合理安排律师会见。对违反规定限制、干扰、影响律师会见的，根据情节和后果，给予警告或记过处分"。对辩护律师在侦查期间要求会见特别重大贿赂犯罪案件在押犯罪嫌疑人的，依法及时审查答复。有碍侦查情形消失后，应当及时通知看守所和辩护律师，辩护律师可以不经许可会见犯罪嫌疑人。侦查终结前，应当至少许可辩护律师会见一次

依法保障律师的阅卷权

检察机关指定专门部门接待律师，安排专门场所方便律师阅卷;一些地方检察机关设置网上阅卷中心、提供案卷拍照记录设备、免费刻录案卷光盘等，为律师查阅、摘抄、复制案卷材料提供便利条件。自案件审查起诉之日起，对辩护律师提出阅卷申请的，应当及时安排。无法及时安排的，应当向辩护律师说明并安排其在3个工作日以内阅卷，不得限制辩护律师阅卷的次数和时间。律师复制案卷材料的，只能收取必需的工本费用。目前，最高检正在研发、试点电子卷宗系统，将诉讼案卷材料扫描后上传至该系统，方便律师快捷、简便查阅和复制

依法保障律师申请收集和调取证据权

对辩护律师书面申请调取在侦查、审查起诉期间收集但未提交的证明犯罪嫌疑人、被告人无罪或罪轻的证据材料的，应当依法及时审查；认为申请调取的证据已收集并且与案件事实有联系的，应当及时调取。辩护律师向被害人或者其近亲属、被害人提供的证人收集与本案有关的材料，向检察机关提出申请的，或者申请检察机关收集、调取证据的，应当在规定的期限内作出是否许可或同意的决定

认真听取律师的辩护意见

保持客观公正立场，高度重视、认真听取律师的意见。审查逮捕、审查起诉时都要认真听取辩护律师意见，对律师提出无罪、罪轻、无逮捕必要或不需要追究刑事责任，侦查中有刑讯逼供等违法情况，证据真实性、合法性存在问题的，要认真审查核实，及时依法处理，保证合理意见被采信。律师要求当面反映意见或者提交证据材料的，要依法办理，并制成笔录附卷。律师提出的书面意见和证据材料，应当附卷

认真履行对妨碍律师依法执业行为的法律监督职责

在办案过程中发现有阻碍律师依法行使诉讼权利行为的，检察机关必须依法、及时提出纠正意见。对辩护律师关于办案机关及其工作人员阻碍其依法执业的申诉、控告，要依法审查办理，并将处理情况书面答复律师。情况属实的，通知有关机关予以纠正。情况不属实的，做好说明解释工作

④ 各方观点

陈卫东
中国刑事诉讼法学研究会常务副会长、中国人民大学教授

要在理念上打造律师、检察官、法官职业共同体，在机制上打造律师与检察官、法官的角色互换，同时加大对律师、检察官、法官在诉讼环节的专门培训工作

龙宗智
中国刑事诉讼法学研究会副会长、四川大学教授

曹建明检察长提出的检察官要认真听取律师辩护意见，让耐心倾听成为一种习惯和品质，我很钦佩和感动，这将极大促进检律关系良性互动，让律师在执业中有更好的保障和尊严

阎建国
全国人大代表、北京信利律师事务所合伙人

应当进一步拓宽职业交流的渠道，让优秀的律师进入检法系统，有助于促进司法人员和律师新型关系的构建，推进我国民主法治建设

李大进
全国人大代表、北京市律师协会前会长

今后律师工作应在三方面作出务实努力：第一，律协应在行业发展中发挥更大作用；第二，新型检律关系需在政法队伍和律师群体中大力宣传贯彻；第三，新思路、新制度需配套措施来跟进

王俊峰
中华全国律师协会会长

检察官与律师同为法治工作队伍的重要组成部分，都以捍卫司法公正和保障法律正确实施为己任，必须积极构建良性互动的和谐检律关系。检察机关先后出台有关依法保障律师执业权利的规定，充分体现了对律师执业权利的尊重、支持和保障

"监所检察厅" 更名 "刑事执行检察厅"
推进刑事执行检察业务全面深入开展

最高检经研究并报中央机构编制委员会办公室批复同意,2014 年 12 月 30 日下发通知,决定将沿用 30 多年的 "最高人民检察院监所检察厅" 更名为 "最高人民检察院刑事执行检察厅"。更名后,有利于最高检加强对全国检察机关刑事执行检察工作的统一领导、管理和协调,推进刑事执行检察业务全面深入开展。

1 历史沿革

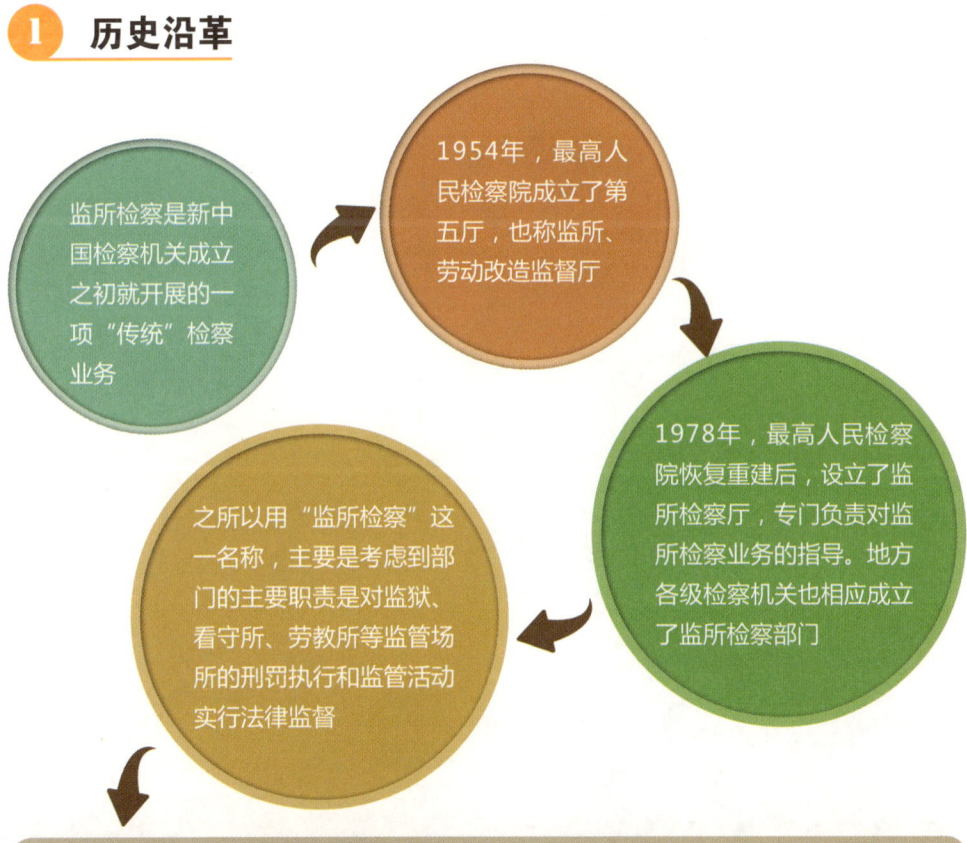

监所检察是新中国检察机关成立之初就开展的一项 "传统" 检察业务

1954年,最高人民检察院成立了第五厅,也称监所、劳动改造监督厅

1978年,最高人民检察院恢复重建后,设立了监所检察厅,专门负责对监所检察业务的指导。地方各级检察机关也相应成立了监所检察部门

之所以用 "监所检察" 这一名称,主要是考虑到部门的主要职责是对监狱、看守所、劳教所等监管场所的刑罚执行和监管活动实行法律监督

随着我国经济社会和法治建设的发展,特别是2013年修改后刑事诉讼法的实施和劳动教养制度的废止,检察机关监所检察部门承担的职责发生了重要变化,在原有职责的基础上,新增加了死刑执行临场监督、社区矫正监督、财产刑执行监督、指定居所监视居住执行监督、羁押必要性审查、强制医疗执行监督等职责。这些职责主要涉及刑罚执行监督、刑事强制措施执行监督、强制医疗执行监督三个方面,都属于刑事执行检察的范畴。如果再沿用 "监所检察" 作为部门的名称已经不能涵盖部门的职责。而使用 "刑事执行检察" 这一名称,能够全面准确反映部门的职责,也能够更好地体现部门名称、职责的一致性和法定性

2 主要职责

最高人民检察院刑事执行检察厅主要负责对全国检察机关刑事执行法律监督工作的指导

01 负责全国检察机关对人民法院、公安机关和监狱、看守所、社区矫正机构等执行机关执行刑罚的活动和减刑、假释、暂予监外执行等变更执行活动是否合法的监督工作的指导

02 负责对执行监管被刑事拘留、逮捕和指定居所监视居住的犯罪嫌疑人、被告人的活动是否合法的监督工作，以及超期羁押监督、久押不决案件清理和羁押必要性审查工作的指导

03 负责对强制医疗执行活动是否合法的监督工作的指导

04 负责对刑事执行检察部门查办的刑事执行中发生的虐待被监管人案、私放在押人员案、失职致使在押人员脱逃案、徇私舞弊减刑、假释、暂予监外执行案、受贿案等职务犯罪案件的侦查工作的指导

05 负责对刑事执行中发生的罪犯又犯罪案件审查逮捕、审查起诉工作的指导

06 承办下级人民检察院刑事执行检察部门工作中疑难问题的请示

07 研究制定刑事执行检察业务工作细则、规定

3 工作举措

全面强化刑罚执行监督工作，维护刑罚执行公平公正。2014年3月20日，最高人民检察院在全国检察机关部署开展了为期9个多月的减刑、假释、暂予监外执行专项检察活动，监督纠正了一批违法问题；研究制定了检察机关办理减刑假释案件规定，建立了职务犯罪罪犯刑罚变更执行备案审查制度，会同有关部门联合制定了暂予监外执行规定；加强和规范了社区矫正检察工作；严格依法开展死刑执行临场监督；积极探索开展财产刑执行监督等工作，刑罚执行监督工作得到了全面加强

大力加强刑事强制措施执行监督工作，保障刑事诉讼活动顺利进行。会同有关部门对福建念斌、河南李怀亮等多起"放不了、诉不出、判不下"的长期羁押案件作了无罪处理

积极探索强制医疗执行监督工作，促进执行活动依法规范进行

不断加大办案力度，重点查办与违法减刑、假释、暂予监外执行和重大监管事故相关的职务犯罪案件

大力弘扬"忠诚、执着、担当、奉献"的张飚精神，加强监督能力建设。新疆石河子市检察院退休检察官张飚同志是近年来检察机关刑事执行检察岗位涌现出来的先进典型的杰出代表。全国13000余名刑事执行检察人员自觉地以张飚同志为榜样，增强职业忠诚，坚守职业良知，刑事执行检察队伍的整体素质和监督能力有了新的提高

积极发挥职能作用，强化被执行人人权司法保障。严格执行最高检关于被监管人死亡检察程序规定，进一步规范监管场所被监管人死亡发现、报告、调查、处理等工作流程。通过近几年的努力，全国监管场所被监管人死亡案件数量呈现明显的下降趋势。建立完善在押人员投诉处理机制，建立检察官接待被执行人及其亲属制度，依法处理被执行人及其亲属的控告、举报和申诉

改革篇

司法体制改革，前景美好，责任重大。

2015年是深化司法体制改革的关键之年。

检察机关认真学习贯彻中央的一系列改革部署，

对重大改革事项先行试点，确保改革一步一个脚印地扎实推进，

努力建设公正高效权威的社会主义司法制度。

修订检察改革规划
推动检察改革系统整体协调发展

党的十八届三中、四中全会对深化司法体制改革进行了全面部署。检察机关贯彻落实中央部署，2015年2月修订出台《关于深化检察改革的意见（2013—2017年工作规划）》，对深化检察改革作出了系统安排。

1 总体目标

05 符合检察职业特点的检察人员管理制度更加健全，检察人员政治业务素质和公正执法水平明显提高，基层基础工作显著加强

对人权的司法保障机制和执法为民的工作机制更加健全，人民群众的合法权益得到切实维护，检察工作的亲和力和人民群众对检察工作的满意度进一步提升

04

检察权运行机制和自身监督制约机制更加健全，法律监督的针对性、规范性和公正性、权威性进一步增强，司法公信力进一步提高

03

检察机关与其他政法机关既相互配合又依法制约的体制机制更加健全，法律监督的范围、程序和措施更加完善，在权力运行制约和监督体系中的作用得到充分发挥

02

保障依法独立公正行使检察权的体制机制更加健全，党对检察工作的领导得到加强和改进，检察机关宪法地位进一步落实

01

2 重点任务

1. 强化对检察权运行的监督制约
2. 完善保障依法独立公正行使检察权的体制机制
3. 健全检察权运行机制
4. 健全反腐败法律监督机制，提高查办和预防职务犯罪的法治化水平
5. 强化法律监督职能，完善法律制度，加强法律监督
6. 强化对检察权运行的监督制约

（一）完善保障依法独立公正行使检察权的体制机制

1. 推动省以下地方检察院人员统一管理改革
2. 推动省以下地方检察院财物统一管理改革
3. 探索实行检察院司法行政事务管理权和检察权相分离
4. 建立健全检察人员履行法定职责保护机制
5. 探索设立跨行政区划的人民检察院
6. 全面落实部门、企业管理公检法体制改革要求，将部门、企业管理的检察机关统一纳入国家检察管理体系
7. 完善防范外部干预司法的制度机制

（二）建立符合职业特点的检察人员管理制度

8. 实行检察人员分类管理。将检察人员划分为检察官、检察辅助人员和司法行政人员三类，完善相应的管理制度
9. 建立检察官专业职务序列及与其相配套的工资制度
10. 完善检察官职业准入和选任制度
11. 建立检察官宪法宣誓制度
12. 完善检察人员职业保障体系
13. 建立完善专业化的检察教育培训体系

（三）健全检察权运行机制

14. 深化检察官办案责任制改革
15. 规范内设机构设置
16. 完善案件管理机制

（四）健全反腐败法律监督机制，提高查办和预防职务犯罪的法治化水平

17. 推动反腐败法律制度建设
18. 加强查办职务犯罪规范化建设
19. 加强查办和预防职务犯罪能力建设
20. 建立健全工程建设领域腐败预防、监督机制

（五）强化法律监督职能，完善法律制度，加强法律监督

21. 完善侦查监督机制
22. 完善刑事审判监督机制
23. 适应以审判为中心的诉讼制度改革，全面贯彻证据裁判规则
24. 健全冤假错案防范、纠正、责任追究机制
25. 完善羁押、刑罚执行等刑事执行活动和强制医疗监督机制
26. 完善提高司法效率工作机制
27. 完善民事行政诉讼监督机制
28. 完善对涉及公民人身、财产权益的行政强制措施实行司法监督制度
29. 探索建立健全行政违法行为法律监督制度
30. 探索建立检察机关提起公益诉讼制度
31. 健全行政执法与刑事司法衔接机制
32. 改革涉法涉诉信访制度
33. 完善检察环节司法救助制度
34. 加强和规范司法解释和案例指导，统一法律适用标准

（六）强化对检察权运行的监督制约

35. 健全内部监督制约机制和防止内部干预制度
36. 配合完善强制执行和涉案财物处置法律制度
37. 强化纪检监察、检务督察
38. 保障律师依法执业，形成检察机关与律师良性互动关系
39. 完善人民监督员制度
40. 构建开放、动态、透明、便民的阳光检察机制，进一步深化检务公开
41. 完善法律文书释法说理制度，建立检察官以案释法制度
42. 完善意见收集机制，探索建立社会监督转化为内部监督的工作机制

设立跨行政区划检察院
完善司法管辖体制 提高案件办理质效

探索设立跨行政区划检察院是中央从全面推进依法治国的战略高度作出的一项重大部署，是深化司法体制改革，完善司法管理体制和司法权力运行机制的一项重大改革措施。

1 改革背景

为保障依法独立公正行使审判权和检察权，《中共中央关于全面推进依法治国若干重大问题的决定》提出，探索设立跨行政区划的人民法院和人民检察院，办理跨地区案件

最高检在《关于深化检察改革的意见（2013—2017年工作规划）》（2015年修订版）中提出，探索设立跨行政区划的人民检察院，构建普通类型案件由行政区划检察院办理，特殊类型案件由跨行政区划检察院办理的诉讼格局，完善司法管辖体制

2 改革措施

2014年12月2日，中央全面深化改革领导小组第七次会议审议通过《设立跨行政区划人民法院、人民检察院试点方案》，确定在北京、上海依托铁路运输检察分院挂牌成立北京市人民检察院第四分院和上海市人民检察院第三分院，开展跨行政区划检察院改革试点工作。

北京市人民检察院第四分院成立

上海市人民检察院第三分院成立

2014年12月30日   2014年12月28日

3 主要成效

按照精简、高效原则，科学设置内设机构

北京 北京四分检实行大部制，对原部分内设机构进行合并，设立了9个部门

- 侦查监督处
- 公诉处
- 职务犯罪侦查与预防局
- 民事检察处
- 行政检察处
- 知识产权检察处
- 诉讼监督办公处
- 监察处
- 综合办公室

上海 上海三分检为凸显扁平化管理和办案专业化要求，对原内设机构进行了整合优化，设立了12个部门

- 综合办公室
- 政治部
- 侦查监督处
- 公诉处
- 刑事执行检察处
- 反贪污贿赂局
- 知识产权检察处
- 民事检察处
- 行政检察处
- 综合业务处
- 控告申诉检察处
- 监察处

人员配备基本到位，选拔、培养了一批办理跨行政区划案件的专门检察人才

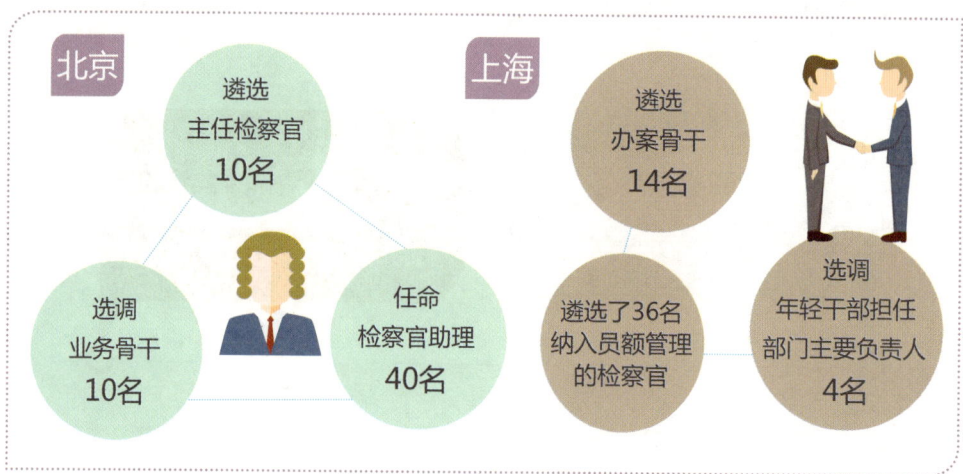

北京
- 遴选主任检察官 10名
- 选调业务骨干 10名
- 任命检察官助理 40名

上海
- 遴选办案骨干 14名
- 遴选了36名纳入员额管理的检察官
- 选调年轻干部担任部门主要负责人 4名

认真研究探索案件管辖标准，职能管辖范围基本确定

北京 公布了《关于北京市人民检察院第四分院（北京市人民检察院铁路运输分院）案件管辖的规定（暂行）》

上海 公布了《关于跨行政区划人民法院、人民检察院刑事案件管辖的规定》和《关于跨行政区划人民法院、人民检察院民事行政监督案件管辖的规定》

案件办理走向正轨，办理了一批有试点意义的跨行政区划案件

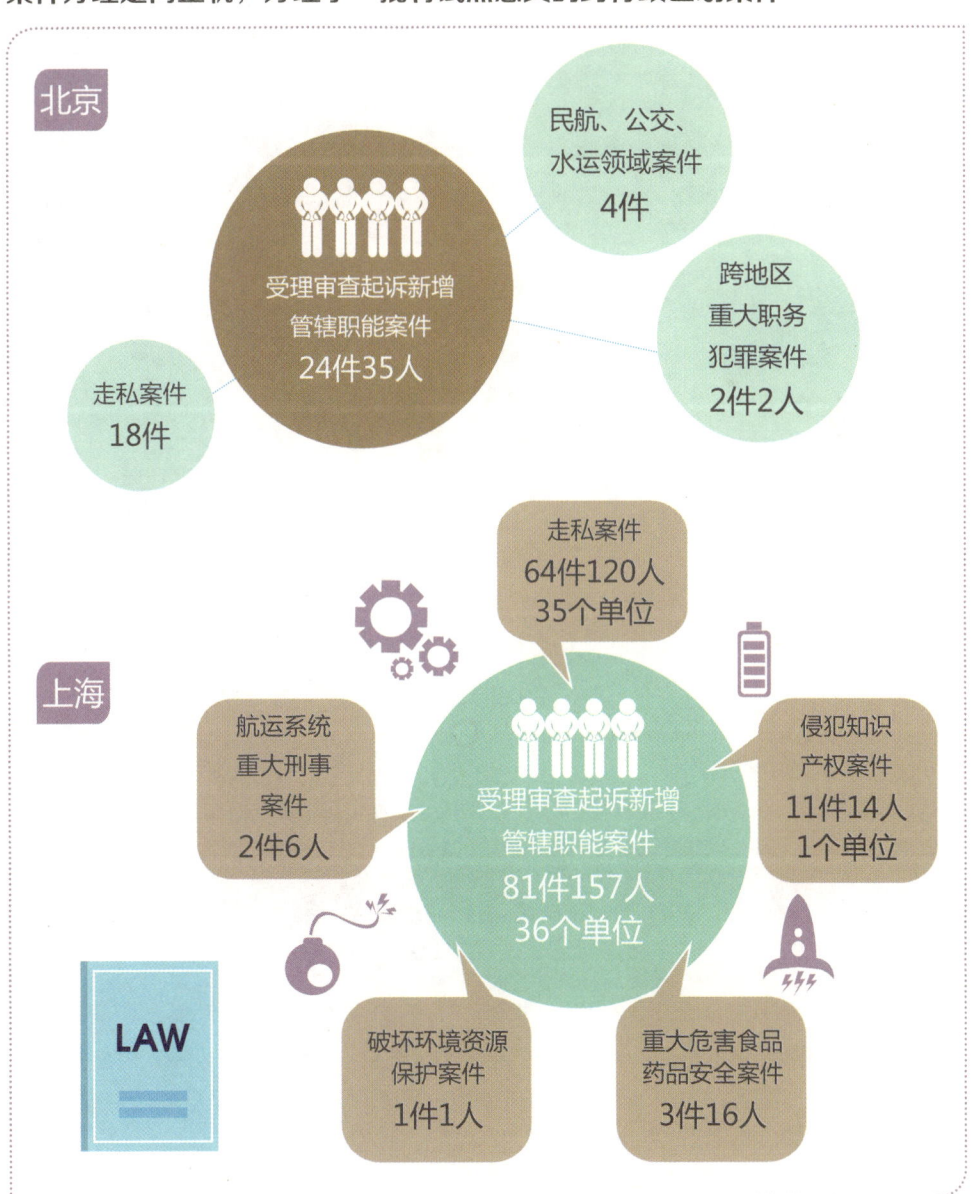

公益诉讼试点
依法维护国家和社会公共利益

公益诉讼是指对损害国家和社会公共利益的违法行为，由法律规定的国家机关和组织向人民法院提起诉讼的制度。公益诉讼分为民事公益诉讼和行政公益诉讼。

民事公益诉讼

2012年修改的《中华人民共和国民事诉讼法》第55条规定："对污染环境、侵害众多消费者合法权益等损害社会公共利益的行为，法律规定的机关和有关组织可以向人民法院提起诉讼。"

行政公益诉讼

行政机关违法行使职权或者不作为侵害国家和社会公共利益，公民、法人和其他组织由于没有直接利害关系而无法提起诉讼时，由检察机关向人民法院提起行政诉讼。我国现行行政诉讼法尚未规定行政公益诉讼制度

《中共中央关于全面推进依法治国若干重大问题的决定》明确要求："探索建立检察机关提起公益诉讼制度。"

十二届全国人大常委会第十五次会议作出《全国人民代表大会常务委员会关于授权最高人民检察院在部分地区开展公益诉讼试点工作的决定》

2015年5月5日

十八届四中全会

2015年7月1日

中央全面深化改革领导小组第12次会议审议并通过了最高人民检察院会同有关部门制定的《检察机关提起公益诉讼试点方案》

最高人民检察院依据全国人大常委会的授权和《试点方案》，选择北京、内蒙古、吉林、江苏、安徽、福建、山东、湖北、广东、贵州、云南、陕西、甘肃13个省、自治区、直辖市的检察院开展公益诉讼试点。试点期限为2年。

提起民事公益诉讼

试点案件范围	检察机关在履行职责中发现污染环境、食品药品安全领域侵害众多消费者合法权益等损害社会公共利益的行为，在没有适格主体或者适格主体不提起诉讼的情况下，可以向人民法院提起民事公益诉讼
诉讼参加人	检察机关以公益诉讼人身份提起民事公益诉讼。民事公益诉讼的被告是实施损害社会公共利益行为的公民、法人或者其他组织
诉前程序	在提起民事公益诉讼之前，检察机关应当依法督促或者支持法律规定的机关或者有关组织向人民法院提起民事公益诉讼
诉讼请求	检察机关可以向人民法院提出要求被告停止侵害、排除妨碍、消除危险、恢复原状、赔偿损失、赔礼道歉等诉讼请求

提起行政公益诉讼

试点案件范围	检察机关在履行职责中发现生态环境和资源保护、国有资产保护、国有土地使用权出让等领域负有监督管理职责的行政机关违法行使职权或者不作为，造成国家和社会公共利益受到侵害，公民、法人和其他社会组织由于没有直接利害关系，没有也无法提起诉讼的，可以向人民法院提起行政公益诉讼。试点期间，重点是对生态环境和资源保护领域的案件提起行政公益诉讼
诉讼参加人	检察机关以公益诉讼人身份提起行政公益诉讼。行政公益诉讼的被告是生态环境和资源保护、国有资产保护、国有土地使用权出让等领域违法行使职权或者不作为的行政机关，以及法律、法规、规章授权的组织
诉前程序	在提起行政公益诉讼之前，检察机关应当先行向相关行政机关提出检察建议，督促其纠正行政违法行为或依法履行职责
诉讼请求	检察机关可以向人民法院提出撤销或者部分撤销违法行政行为、在一定期限内履行法定职责、确认行政行为违法或者无效等诉讼请求

完善司法责任制
谁办案谁负责 谁决定谁负责

完善司法责任制是党的十八届三中、四中全会部署的重要任务，是一项综合性改革，涉及检察机关性质、职能特点、业务运行方式、司法责任体系，在司法改革中居于基础性地位。

2015年9月，最高检印发了完善司法责任制的规范性文件《关于完善人民检察院司法责任制的若干意见》，10月，召开全国检察机关贯彻落实《关于完善人民检察院司法责任制的若干意见》部署会。

1 目标原则

科学界定内部司法办案权限

完善司法办案责任体系

健全司法办案组织

总体目标

构建公平合理的司法责任认定、追究机制

构建公正高效的检察权运行机制

做到谁办案谁负责、谁决定谁负责

2　主要内容

推行检察官办案责任制，实行检察人员分类管理，落实检察官员额制

健全司法办案组织形式，实行独任检察官或检察官办案组的办案组织形式

明确检察人员职责权限，合理划分检察长、检察官、主任检察官、业务部门负责人、检察官助理的职责权限

严格司法责任认定和追究，检察人员对其履行检察职责的行为承担司法责任，在职责范围内对办案质量终身负责。根据主客观相一致原则，对11种故意违反法律法规情形予以追责，对8种重大过失情形予以追责

链接：《关于完善人民检察院司法责任制的若干意见》（摘录）

检察长统一领导人民检察院的工作，依照法律和有关规定履行以下职责：

(一)决定是否逮捕或是否批准逮捕犯罪嫌疑人；

(二)决定是否起诉；

(三)决定是否提出抗诉、检察建议、纠正违法意见或提请抗诉，决定终结审查、不支持监督申请；

(四)对人民检察院直接受理立案侦查的案件，决定立案、不立案、撤销案件以及复议、复核、复查；

(五)对人民检察院直接受理立案侦查的案件，决定采取强制措施，决定采取查封、扣押、冻结财产等重要侦查措施；

(六)决定将案件提请检察委员会讨论，主持检察委员会会议；

(七)决定检察人员的回避；

(八)主持检察官考评委员会对检察官进行考评；

(九)组织研究检察工作中的重大问题；

(十)法律规定应当由检察长履行的其他职责。

副检察长、检察委员会专职委员受检察长委托，可以履行前款规定的相关职责。

链接：《关于完善人民检察院司法责任制的若干意见》（摘录）

检察官依照法律规定和检察长委托履行职责：

检察官承办案件，依法应当讯问犯罪嫌疑人、被告人的，至少亲自讯问一次。

下列办案事项应当由检察官亲自承担：

(一)询问关键证人和对诉讼活动具有重要影响的其他诉讼参与人；

(二)对重大案件组织现场勘验、检查，组织实施搜查，组织实施查封、扣押物证、书证，决定进行鉴定；

(三)组织收集、调取、审核证据；

(四)主持公开审查、宣布处理决定；

(五)代表检察机关当面提出监督意见；

(六)出席法庭；

(七)其他应当由检察官亲自承担的事项。

主任检察官除履行检察官职责外，还应当履行以下职责：

(一)负责办案组承办案件的组织、指挥、协调以及对办案组成员的管理工作；

(二)在职权范围内对办案事项作出处理决定或提出处理意见。

业务部门负责人除作为检察官承办案件外，还应当履行以下职责：

(一)组织研究涉及本部门业务的法律政策问题；

(二)组织对下级人民检察院相关业务部门办案工作的指导；

(三)召集检察官联席会议，对重大、疑难、复杂案件进行讨论，为承办案件的检察官或检察官办案组提供参考意见；

(四)负责本部门司法行政管理工作；

(五)应当由业务部门负责人履行的其他职责。

检察官助理在检察官的指导下履行以下职责：

(一)讯问犯罪嫌疑人、被告人，询问证人和其他诉讼参与人；

(二)接待律师及案件相关人员；

(三)现场勘验、检查，实施搜查，实施查封、扣押物证、书证；

(四)收集、调取、核实证据；

(五)草拟案件审查报告，草拟法律文书；

(六)协助检察官出席法庭；

(七)完成检察官交办的其他办案事项。

省级人民检察院结合本地实际，根据检察业务类别、办案组织形式，制定辖区内各级人民检察院检察官权力清单，可以将检察长的部分职权委托检察官行使。各省级人民检察院制定的权力清单报最高人民检察院备案。

深化案件管理机制改革
强化内部监督　规范司法行为

　　案件管理机制改革既是检察工作和检察改革的重要组成部分，也是检察机关公正司法、提高司法公信力的重要保障。2015年以来，各级检察机关紧紧围绕中央关于保证公正司法、提高司法公信力的部署要求，坚定不移深化案件管理机制改革，严格规范司法，强化内部监督制约。

I　夯实基础

全国四级
检察机关
案管机构数

2011年
600多个

2015年
3500多个

占检察院总数的97%
基本实现了全覆盖

97%

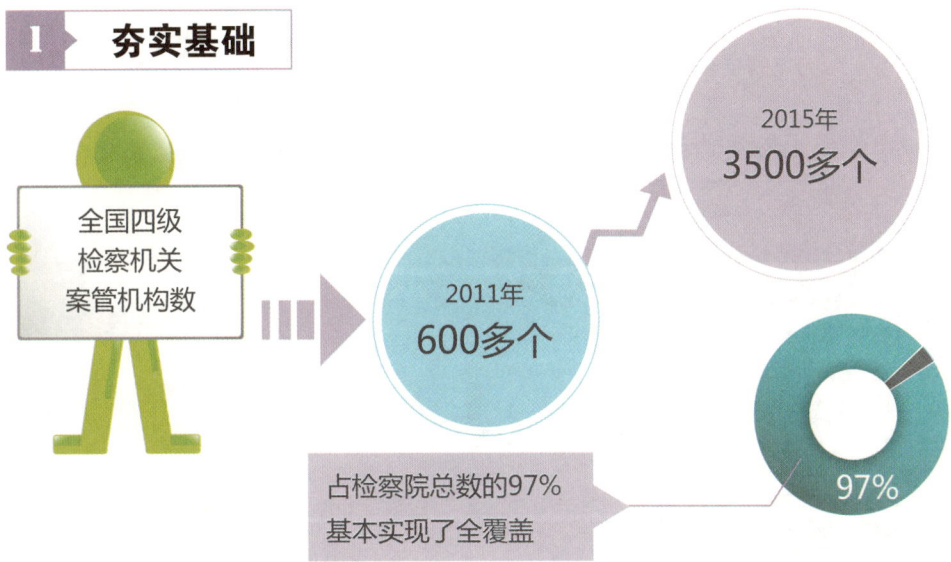

　　各地选调精兵强将组建案管队伍，一大批事业心强、作风扎实、业务精通、综合素质高的优秀人才充实到案管工作一线。截至2015年11月，15000余名工作人员汇聚案管，案管队伍初步实现年轻化、专业化

　　统一业务应用系统和案件信息公开系统在全国检察机关上线运行，全国四级检察机关办案信息实现互联互通，并通过统一的平台公开案件信息，检察机关业务信息化和公开化工作取得重大进展

　　检察机关案管部门担负起案件流程管理、案件质量评查和统计分析等职责，案管职能在全国检察机关全面开展

　　不断加强制度建设，初步形成一套较为科学完备、符合实际、行之有效的案管制度体系

2 部署工作

2014年12月，最高检在广东省广州市召开了全国检察机关第一次案件管理工作会议。

会议对下一步案件管理工作进行全面部署，主要是在"五个方面"下功夫。

一是在依法科学有效管理上下功夫，促进案件办理与案件管理、案件集中管理与部门管理、案件集中管理各项职能的有机统一，提高管理的科学性和有效性

二是在统筹规范司法上下功夫，在统筹规划、组织实施、检查评价等方面发挥作用，督促和引导办案工作规范开展

三是在强化内部监督制约上下功夫，明确监督的重点，增强监督的刚性，提升监督的实效

四是在推进司法公开上下功夫，按照依法、全面、及时、规范、便民的要求，实现从选择性公开到全面公开、规范公开的转变，以公开促公正、以透明促廉洁

五是在当好参谋助手上下功夫，充分运用现代信息化技术，深化对办案情况的综合分析，为领导决策和业务部门指导工作提供依据

3 成效显著

各地检察机关案管部门扎实履行案件管理职责，推进案件管理机制改革取得新进展，有效发挥了"管理、监督、服务、参谋"作用。

管理　监督　服务　参谋

▶ 实现了从分散管理到统一监管

案管部门统一负责案件的受理、分流和对外移送审核，统一负责办案流程监控，通过办案风险评估、期限跟踪预警、关键节点监控，改变了以往案件由各部门分散管理、难以及时全面掌控和监督的状况，提升司法规范化水平

▶ 实现了从"软要求"到"硬约束"

随着统一业务应用系统的部署应用，全国检察机关办理案件的各个环节都在网上操作，在网上全流程运行，所有履行检察业务办理、审批职责的检察人员，都要使用该系统进行办案、审批工作，办案人员按照业务流程要求，才可以完成案件的办理，使司法办案过程可视、可控、可查，真正把司法规范由人为掌握的"软要求"变成了网络运行的"硬约束"

▶ 实现了从神秘办案到阳光司法

案件信息公开系统在全国检察机关运行良好，人民群众在互联网上轻点鼠标，不仅可以查询到案由、办案进度、强制措施等案件程序性信息，还能看到全国各级检察机关制作的法律文书以及公布的重大案件，有效提升了检务公开的范围和质量，提升检察机关司法公信力

公开篇

阳光是最好的防腐剂。

2015年，全国各级检察机关积极创新工作方法，

拓展检务公开新途径，畅通各界群众走近检察、了解检察的渠道，

努力让人民群众感受到公平正义就在身边。

全面推进检务公开
构建阳光司法机制

　　2015年1月，最高检印发《关于全面推进检务公开工作的意见》；6月，印发配套性文件《最高检机关贯彻落实〈关于全面推进检务公开工作的意见〉分工方案》。截至11月中旬，全国已有20余个省级检察院制定出台具体实施办法。

1　总体要求

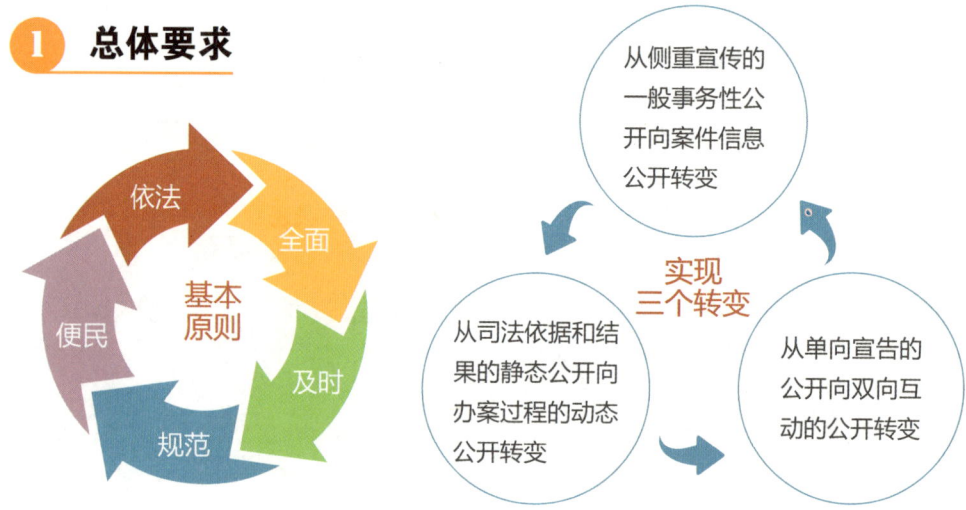

2　公开内容

检察案件信息

　　主动及时发布重要案件信息，网上公开生效法律文书，依申请公开案件程序性信息。主动公开具有指导性、警示性、教育性的典型案例，职务犯罪案件查封、扣押、冻结涉案财物处理结果，以及对久押不决、超期羁押问题和违法或不当减刑、假释、暂予监外执行的监督纠正情况。加强与有关部门的协作配合，探索建立涉案财物集中管理信息平台，完善涉案财物处置信息公开机制。逐步开展《人民检察院案件信息公开工作规定（试行）》范围之外的其他生效法律文书统一上网和公开查询以及其他案件信息发布

检察政务信息

　　主动公开检察机关的性质任务、职权职责、机构设置、工作流程等与检察职能相关的内容，检察工作报告、专项工作报告，检察工作重大决策部署、重大创新举措、重大专项活动等内容，检察改革进展情况，与检察机关司法办案有关的法律法规、司法解释及其他规范性文件，违反规定程序过问案件的情况和检察机关接受监督的情况，检察统计数据及综合分析，年度部门预算、决算

检察队伍信息 　　主动公开检察机关领导班子成员任免情况，检察委员会委员、检察员等法律职务任免情况，领导班子成员分工情况，机构和人员编制情况，检察人员统一招录和重要表彰奖励情况，检察机关有关队伍管理的纪律规定，检察人员违法违纪的处理情况和结果

公开内容的例外 　　涉及国家秘密、商业秘密、个人隐私、未成年人犯罪和未成年被害人的案件信息，以及其他依照法律法规和最高人民检察院有关规定不应当公开的信息，不得公开。当事人申请不公开且理由符合法律规定的，不向社会公开

❸ 公开机制建设

建立健全公开信息审核把关机制

　　按照谁办理谁审查、谁把关谁负责的原则，做好公开信息的内容审查、技术处理和质量把关工作。加强对公开信息的保密检查和管理，根据检务信息类别、定密标准建立分级审查程序，明确审查责任。重大敏感案（事）件处理应对进展或结果信息发布，按照《检察机关重大敏感案（事）件处理应对办法》办理

建立健全风险评估和预警、处置机制

　　对拟公开的内容应当进行风险评估，建立预警机制，对可能因公开而引起较大负面社会影响的要制定应急预案，加强风险防控。要密切关注案件信息公开后的舆情态势，全面收集、研判检务信息公开引发的社会舆情，认真做好处理应对等工作

建立健全民意收集转化机制

　　广泛开展民意收集活动，经常性开展群众满意度调查，收集人民群众对检察机关在办案、工作作风、队伍建设等方面的意见和评价，征求社会各界对检察机关重大工作部署、重要规范性文件的意见和建议。探索引入第三方调查机构调查，增强民意调查、收集和人民群众满意度的客观性。加强民意转化应用，促进检察工作提质增效

建立健全检务公开救济机制

　　妥善处理保障人民群众知情权和维护其他合法权益之间的关系，人民群众、当事人或者其他符合条件的案件信息查询人认为检察机关应公开而不公开，或不应公开而公开有关检务信息的，可提出申请或复议，检察机关控申部门统一受理后，根据职责分工及时转交相关责任部门调查、处理和答复

④ 公开方式方法

完善公开审查制度

对存在较大争议或在当地有较大社会影响的拟作不起诉案件、刑事申诉案件，实行公开审查。对于在案件事实、适用法律方面存在较大争议或在当地有较大影响的审查逮捕、羁押必要性审查、刑事和解等案件，提起抗诉的案件以及不支持监督申请的案件，探索实行公开审查

加强检察法律文书释法说理工作

探索对不立案、不逮捕、不起诉、不予提出抗诉、不支持监督申请决定书等制式法律文书采用制作附页的形式进行释法说理。进一步规范检察法律文书口头说理，提高用群众语言释疑解惑的能力和水平

拓宽联系群众、服务基层的方式

完善新闻发布、新闻发言人制度，广泛开展"检察开放日"活动，推进检察服务进机关、进企业、进乡村、进学校、进社区，加强派驻基层检察室、检察服务联系点等建设

加强新媒体公开平台建设

改造升级检察门户网站，以人民检察院案件信息公开网为主平台，建立网上查询、电话查询、触摸屏自助查询和案管岗位查询"四位一体"案件信息查询机制。积极开通并打造集检察门户网站、微博、微信、微视、新闻客户端、手机短信彩信、APP手机应用软件等于一体的互联互动平台，增强信息发布、案件信息查询、在线交流、咨询服务、法律解读等功能

规范检务公开场所建设

推进检察服务大厅建设，整合控告申诉举报接收、来访接待、远程视频接访、案件信息查询、行贿犯罪档案查询、接待律师、律师阅卷、法律咨询、检务宣传、12309举报电话等工作，配置电子显示屏、电子触摸屏、查询电脑等硬件设施，为公众提供"一站式"服务。构建阳光检务网络平台，网上实现检察服务大厅各项服务功能

加强检察机关外部监督制度建设

健全联系机制，推进邀请人大代表政协委员视察检察工作常态化、制度化。探索依法向社会公开人大代表建议和政协委员提案办理情况和结果。健全协商、咨询机制，建立动态化的专家库，健全重大决策咨询、重大问题联合调研等制度，组织特约检察员和邀请知名学者、行业专家参与案件评查、研讨社会关注重点案件。探索拓展人民监督员监督范围。完善人大代表、政协委员、特约检察员、人民监督员和专家咨询委员参加检察机关公开审查案件、旁听和评议检察官出庭等制度

5 事例

2015年9月9日，最高检首次邀请全国人大代表、专家咨询委员和人民监督员到最高检机关参加对一起杀人案件的公开审查活动

2015年4月16日，江苏省检察机关对社会广泛关注的"南京虐童案"，在依法不批捕的同时，认真做好公开听证、释法说理工作

最高人民检察院首次召开刑事申诉案件公开审查论证会，就一起故意杀人申诉案公开审查案件事实和证据、听取申诉方和受邀人员意见。论证会由最高检刑事申诉检察厅负责人主持

除了申诉代理人、案件承办人之外，还邀请12名社会各界人士作为本次论证会的评议员参加论证会

申诉代理人首先陈述了申诉理由，案件承办人发表了复查意见。随后，评议员们就案件事实、证据、程序和法律适用问题向承办人进一步了解情况，并针对该案原审判决予以定罪量刑的证据是否确实、充分，检察机关对该案是否应当依法提出抗诉或再审检察建议监督意见分别发表了看法

经过两小时的深入讨论，评议员们对案件事实有了深入了解，经过综合分析判断，填写评议意见表。随后，12名评议员对案件处理进行了表决

最后，中国社会科学院国际法研究所所长陈泽宪作为评议员代表宣布了评议结果

案件信息公开
以公开促公正

　　全面开展案件信息公开工作，是最高检落实中央推行司法公开重大战略决策的重要举措。案件信息公开系统于2014年10月起在全国检察机关上线运行。群众在互联网上即可查询案件程序性信息，查看重要案件信息和法律文书，相关人员可以依法办理辩护与代理预约，检务公开由事务为主转向案件信息为主。

1 **公开的内容**

案件程序性信息查询平台

当事人及其法定代理人、近亲属、辩护人等可以在网上查询案由、办案进度、强制措施等信息

法律文书公开平台

对法院所作判决、裁定已生效的刑事案件起诉书、抗诉书、不起诉决定书、刑事申诉复查决定书等法律文书，及时在网上公开

案件信息公开网
四个平台

重要案件信息发布平台

对有较大社会影响的职务犯罪案件、刑事案件，及时向社会公开犯罪嫌疑人身份、涉嫌罪名、案件所处诉讼阶段等信息

辩护与代理预约申请平台

辩护人、诉讼代理人可以通过该平台申请会见、阅卷、收集调取或提供证据材料、要求听取意见、申请变更强制措施等

② 公开的成效

自2014年10月1日案件信息公开系统在全国检察机关上线运行至2015年11月30日，全国检察机关通过案件信息公开网发布：

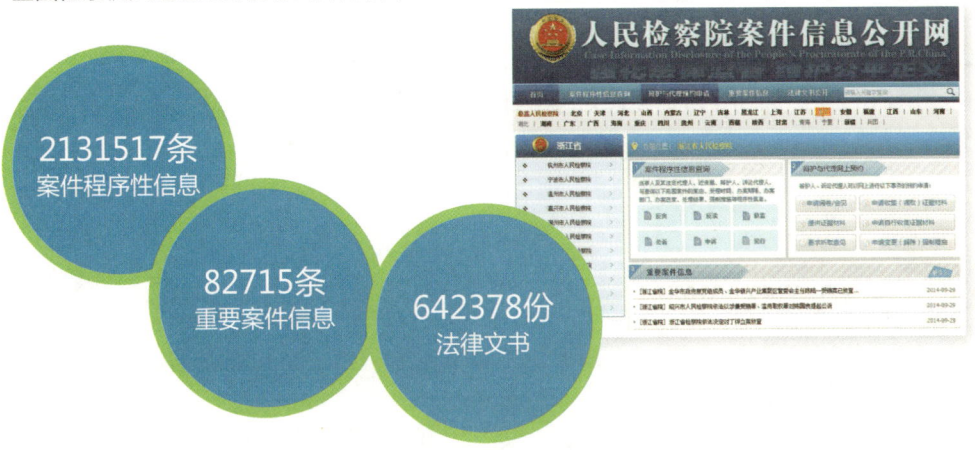

2131517条 案件程序性信息

82715条 重要案件信息

642378份 法律文书

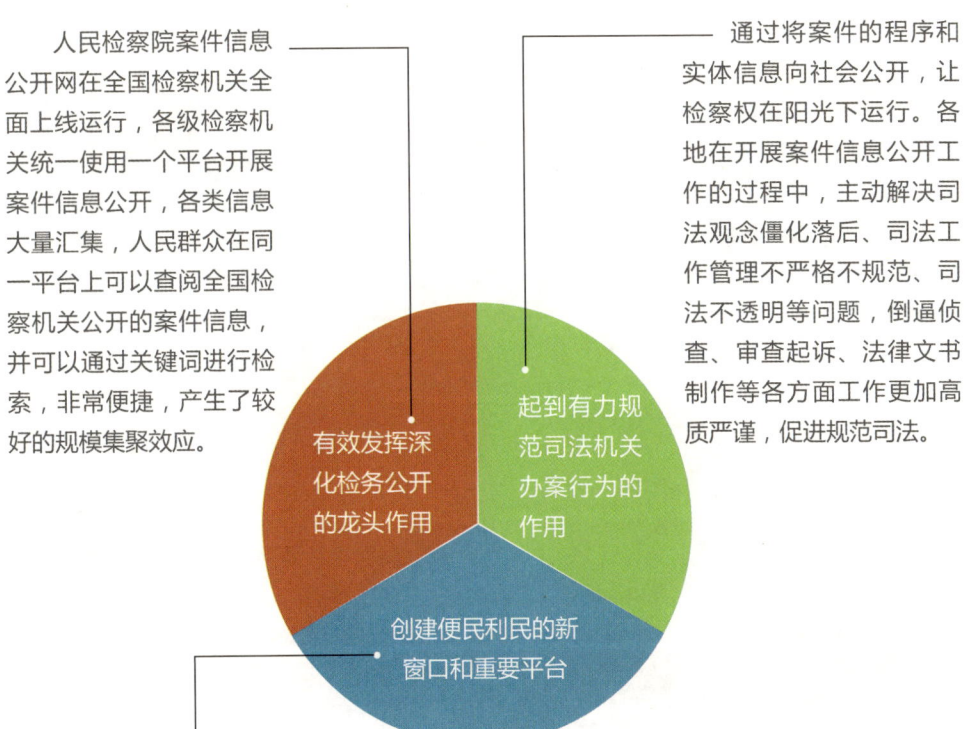

人民检察院案件信息公开网在全国检察机关全面上线运行，各级检察机关统一使用一个平台开展案件信息公开，各类信息大量汇集，人民群众在同一平台上可以查阅全国检察机关公开的案件信息，并可以通过关键词进行检索，非常便捷，产生了较好的规模集聚效应。

通过将案件的程序和实体信息向社会公开，让检察权在阳光下运行。各地在开展案件信息公开工作的过程中，主动解决司法观念僵化落后、司法工作管理不严格不规范、司法不透明等问题，倒逼侦查、审查起诉、法律文书制作等各方面工作更加高质严谨，促进规范司法。

有效发挥深化检务公开的龙头作用

起到有力规范司法机关办案行为的作用

创建便民利民的新窗口和重要平台

案件信息公开系统充分发挥现代信息技术优势，把案件的办理进展和结果及时告知有关人员，把重要案件信息主动地向社会发布，把法律文书全面地向社会展示，有效扩大了人民群众对检察工作的知情范围，拓宽了人民群众参与和监督检察工作的渠道，确保检察机关及时倾听人民群众的呼声。

检察新媒体

唱响网络空间的"检察好声音"

在新媒体发展日新月异的今天，微博、微信、新闻客户端等成为检察机关深化检务公开、传播"检察好声音"的有效载体。最高检"两微一端"开通一年多来，围绕检察工作主题加强权威信息发布和网络宣传，进一步拉近了检察机关与广大网民的距离。

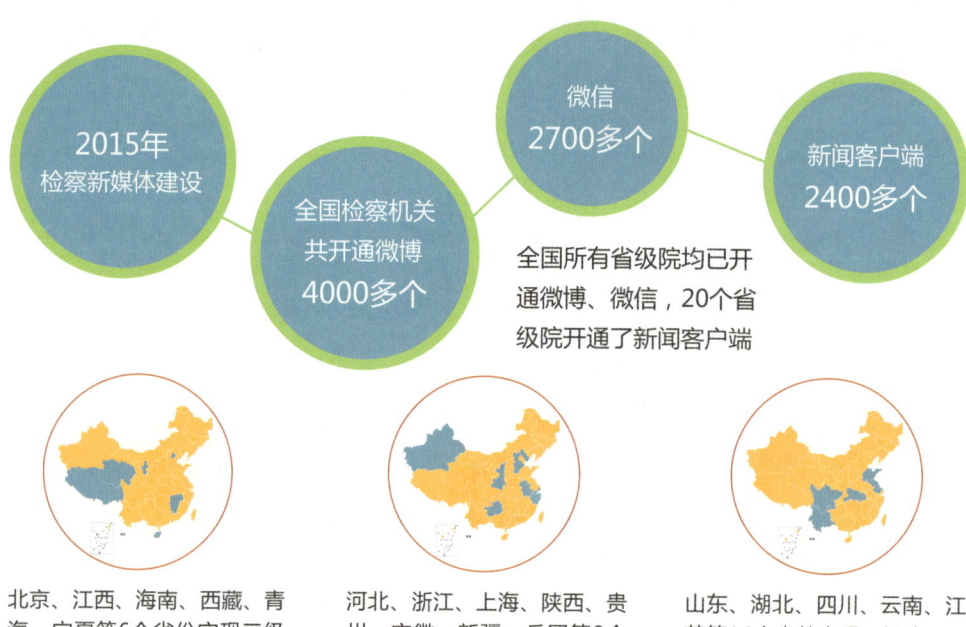

2015年检察新媒体建设

全国检察机关共开通微博 4000多个

微信 2700多个

新闻客户端 2400多个

全国所有省级院均已开通微博、微信，20个省级院开通了新闻客户端

北京、江西、海南、西藏、青海、宁夏等6个省份实现三级院微博全覆盖

河北、浙江、上海、陕西、贵州、安徽、新疆、兵团等8个省份实现三级院微博、微信全覆盖

山东、湖北、四川、云南、江苏等14个省份实现三级院"两微一端"全覆盖

全国检察新媒体总粉丝数 8000多万

发布信息 300余万条

最高检"两微一端"粉丝、听众和订阅总数 3200余万

发布信息 5万多条

检察新媒体影响力不断扩大，获得社会高度认可。最高检"两微一端"获得人民日报、人民微博、腾讯网、新浪网等发布的"全国十大中央部委机构微博"、"2015年度中国最具影响力政务新媒体"、"政务突破奖"等奖项。地方检察新媒体在人民网、新华网等推出的各类政法类微博、微信排行榜中均名列前茅，获得各类奖项100多个。

新闻发布会
让社会各界及时听到"检察之声"

　　检察机关加大新闻发布力度，通过组织新闻发布会、媒体通气会，运用网上发布厅等多种形式，主动向社会发布检察机关的重大方针政策、重要工作部署以及颁布的重要司法解释和规范性文件等，有效架起了与人民群众沟通的桥梁。

❶ 概况

　　2015年1-11月，最高检共召开新闻发布会13场，开展30多次网上新闻发布厅发布活动。全国有31个省级院建立了新闻发布会制度，共设立新闻发言人52名，召开新闻发布会70余场次。

❷ 最高检2015年举行的13场新闻发布会

主题	时间
检察机关职务犯罪国际追逃追赃专项行动工作	1月19日
发布《关于全面推进检务公开工作的意见》	2月28日
部署开展清理纠正社区服刑人员脱管漏管专项检察活动	4月16日
第一季度全国检察机关查办贪污贿赂和渎职侵权犯罪案件情况	4月27日
检察机关加强未成年人司法保护	5月27日
检察机关加强生态环境司法保护	6月16日
检察机关依法惩处涉医违法犯罪	6月24日
部署检察机关开展公益诉讼试点工作	7月2日
检察机关查办和预防涉农扶贫领域职务犯罪	7月21日
检察机关加强食品安全司法保护	8月5日
检察机关查办金融领域刑事犯罪	9月23日
发布《关于完善人民检察院司法责任制的若干意见》	9月28日
"全面推进检务公开，构建阳光司法机制"	11月13日

检察开放日
让社会各界零距离接触检察工作

2015年11月，最高检下发《关于在全国检察机关集中开展"检察开放日"活动的通知》，要求各省级检察院于11月中旬至12月中旬，围绕"规范司法行为，提升司法公信"主题，选择一天时间，统一在全省开展一次"检察开放日"活动。

① 最高检活动

12月4日，第二个"国家宪法日"，最高检举行第15次"检察开放日"活动，向部分全国人大代表、政协委员和人民监督员通报检察机关规范司法行为专项整治工作情况，并听取对检察工作的意见建议。

来自全国各地基层一线的26名全国人大代表（其中5位是人民监督员）、5名全国政协委员参观了最高检举报中心、案件管理中心、大要案侦查指挥中心等场所，零距离感受最高检规范司法的务实举措；观看了规范司法专题片，听取了专项整治工作情况通报，全方位了解检察机关开展司法规范化建设的长效部署。

关于在全国检察机关集中开展"检察开放日"活动的通知

规范司法行为 提升司法公信

5位人民监督员

26名全国人大代表

5名全国政协委员

参观

最高检举报中心

案件管理中心

大要案侦查指挥中心

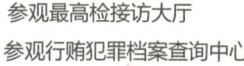

参观最高检接访大厅
参观行贿犯罪档案查询中心

参观集中处理群众来信室
参观最高检远程视频接访室

2 各地活动

2015年11月

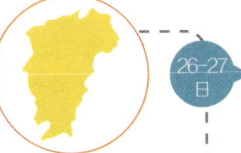

26-27日

　　江西省检察院开展了"走近江西检察、感受司法公正"的检察开放日活动，邀请15名在赣全国人大代表和省人大代表赴省检察院和景德镇、南昌市检察机关，重点视察司法为民、生态环境检察、查办和预防职务犯罪、规范司法行为专项整治、未成年人检察等工作情况

2015年11月

30日

　　山东省三级检察机关举办"检察开放日"活动。山东省检察院在全面介绍检察工作成效的基础上，组织人大代表、政协委员、人民监督员及企事业单位代表和基层群众等28人参观了该院的案件管理大厅、新媒体工作室、远程视频接访室和民生检察服务热线等，并观看了专题片——《为了人民的期待》和《跨入新媒体时代》

2015年12月

4日

　　天津市北辰区检察院和静海区检察院分别邀请区人大代表、政协委员、特邀监督员、新闻媒体代表、社区居民等社会各界代表走进检察机关，观看预防职务犯罪微电影，实地参观侦查指挥中心、案件管理中心和控申接待大厅，现场观摩公诉部门审议案件全过程，社会各界代表还对案件的受理、流转、评查等流程的信息化管理平台和职务犯罪档案工作平台进行了深入了解

2015年12月

4日

　　上海市检察院举行专题新闻发布会和"检察开放日"活动，向社会通报规范司法行为专项整治工作情况，该市政协委员、律师、网友代表等30余人参观了检务公开馆、12309检察热线平台

2015年12月

4日

　　湖北省检察院邀请人大代表、政协委员、人民监督员、基层群众代表、学生代表等60余人，参加主题为"规范司法行为，提升司法公信力"的公众开放日活动。受邀人员参观了该院受理接待中心、院史陈列室、检察技术信息中心，观摩了"鄂检网阵"工作演示，并开展互动交流、法律咨询、征求意见活动。当天，该省130个检察院同步开展了公众开放日活动

规范篇

矩不正，不可为方；规不正，不可为圆。

2015年，规范司法行为专项整治工作贯穿于全国检察工作的始终。

一年来，各级检察机关坚持问题导向，

深入剖析不规范"痼疾"，立查立改，建章立制，

检察人员司法理念、办案方式、工作作风发生了积极变化。

专项整治
严格规范司法行为

党的十八届四中全会指出：必须完善司法管理体制和司法权力运行机制，规范司法行为，加强对司法活动的监督。2015年，检察机关深入贯彻中央决策部署，坚持问题导向，突出工作重点，扎实开展规范司法行为专项整治工作，引导广大检察人员切实端正司法理念、规范司法行为、改进司法作风，进一步提升检察机关司法公信力。

① 重点内容

执行
办案规范和纪律规定不严格，讯问职务犯罪嫌疑人同步录音录像制度落实不到位，指定居所监视居住强制措施适用不规范，对一些限制性规定变通执行

不依
法听取当事人和律师意见，对律师合法要求无故推诿、拖延甚至刁难，限制律师权利

司法
作风简单粗暴，特权思想、霸道作风严重，对待当事人和来访群众态度生硬、敷衍塞责、冷硬横推

违法
采取强制措施，违法取证，违法查封扣押冻结处理涉案财物，侵害当事人合法权益

重点整治八个方面问题

为
考评成绩而弄虚作假，违规办案

接
受吃请、收受贿赂、以案谋私，办关系案、人情案、金钱案

私下
接触当事人及律师，泄露案情或帮助打探案情，或者受人之托过问、干预办案，利用检察权获取个人好处

受
利益驱动，越权办案，违规插手经济活动

② 工作阶段

专项整治工作分为动员部署、对照检查、整改落实等阶段。

动员部署阶段： 2014年12月26日至2015年4月20日

2014年12月26日，最高检召开全国检察机关规范司法行为专项整治工作电视电话会议，曹建明检察长亲自动员讲话。之后专门成立专项整治工作领导小组负责具体工作

2015年3月25日至4月15日，最高检启动第一阶段集中督导检查工作。曹建明检察长等院领导和检委会专职委员分别选择一个省作为专项整治工作联系点，深入调研指导；14个厅局办负责人对全国32个省级单位实行包省督导，并邀请33名全国人大代表督察指导

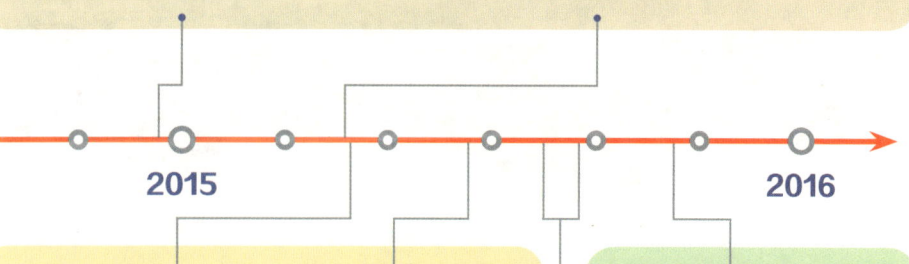

2015   **2016**

对照检查阶段：

4月20日，专项整治工作转入对照检查阶段

6月18日至19日，最高检在北京召开全国检察机关规范司法行为专项整治工作座谈会，进一步推动专项整治工作向纵深发展

7月27日至8月20日，最高检开展第二阶段集中督导检查工作，14个厅局办先后派出18个督导组对专项整治第二阶段工作进行包省督导

整改落实阶段：

10月21日和23日，最高检分别在北京和江西召开全国检察机关规范司法行为专项整治工作整改落实推进会，研究部署整改落实阶段的主要任务和措施。以此为标志，专项整治工作转入整改落实攻坚阶段

③ 主要成效

▶ 广大检察人员普遍受到了一次规范司法行为专题教育

▶ 查摆梳理出一批执法不严、司法不公、为检不廉等司法不规范问题

▶ 纠正和查处了一批人民群众反映强烈的司法不规范案件

▶ 促进了司法理念和司法作风积极向好转变

▶ 有力促进了司法办案工作和检察队伍建设

▶ 有效推动了制度建设和长效机制建设

▶ 得到了社会各方面的高度评价和人民群众的真心拥护

"八项禁令"
依法依规进行职务犯罪侦查

为规范司法行为，防范违法违规办案，保障公正司法，2015年8月初，最高检依据《刑事诉讼法》、《人民检察院刑事诉讼规则(试行)》和《检察人员纪律处分条例(试行)》、《检察人员执法过错责任追究条例》，制定印发《最高人民检察院职务犯罪侦查工作八项禁令》。

1 四个方面

严肃办案程序　依法保障人权　保护发案单位合法权益　加强办案安全防范

2 两个部分

法律依据主要是《刑事诉讼法》和《人民检察院刑事诉讼规则(试行)》

禁止性规定

违反的处罚措施

参照标准主要是《检察人员纪律处分条例(试行)》和《检察人员执法过错责任追究条例》

3 八项禁令

▶ 严禁擅自处置案件线索、随意初查和在初查中对被调查对象采取限制人身、财产权利的强制性措施
▶ 严禁违法使用指定居所监视居住措施
▶ 严禁违法干涉涉案企业正常生产经营活动
▶ 严禁违法违规处理查封、扣押、冻结涉案财物
▶ 严禁阻止或者妨碍律师依法会见犯罪嫌疑人
▶ 严禁在未全程同步录音录像情况下进行讯问
▶ 严禁刑讯逼供以及其他非法取证行为
▶ 严禁违反办案安全纪律

涉案财物管理
全程把关确保"出入"规范

党的十八届三中、四中全会明确提出"规范查封、扣押、冻结、处理涉案财物的司法程序"。2015年1月，中办、国办联合印发《关于进一步规范刑事诉讼涉案财物处置工作的意见》，明确了涉案财物查封、扣押、冻结的范围和程序，要求建立涉案财物移送、管理和上缴制度，检察机关随之对这项工作进行了全面部署落实。

❶ 最高检规定

最高检印发实施《人民检察院刑事诉讼涉案财物管理规定》，进一步规范刑事诉讼涉案财物管理工作，对检察机关涉案财物管理机制作出全面调整和完善

2015年3月6日

2015年3月16日

最高检印发《关于认真贯彻执行〈关于进一步规范刑事诉讼涉案财物处置工作的意见〉的通知》，要求全国检察机关认真落实中办、国办《关于进一步规范刑事诉讼涉案财物处置工作的意见》，既要规范自身办案活动，又要加强对刑事诉讼活动全过程的法律监督，保障涉案财物处置工作依法、规范、公正进行

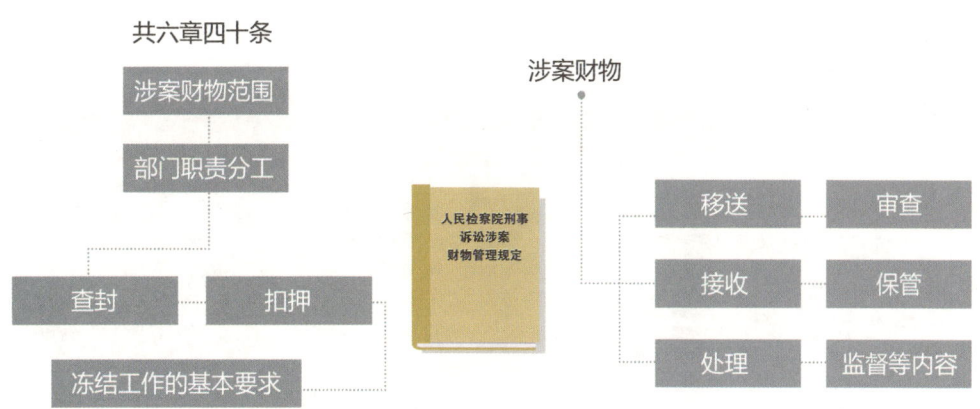

共六章四十条

涉案财物范围

部门职责分工

查封　　扣押

冻结工作的基本要求

涉案财物

人民检察院刑事诉讼涉案财物管理规定

移送　　审查

接收　　保管

处理　　监督等内容

2 主要内容

贯彻办案部门与保管部门相互制约的要求，规定人民检察院实行查封、扣押、冻结、处理与保管相分离的原则，办案部门与案件管理、计划财务装备等部门分工负责、互相配合、互相制约。

对办案部门、案件管理部门、计划财务装备部门等在涉案财物管理工作中的职责权限、程序流转、操作规程等作了比较具体、明确的规定。

进一步明确涉案财物统一归口管理

进一步规范涉案财物管理的工作流程

四方面内容

进一步加强权利保障

进一步明确检察机关的涉案财物管理监督机制

规定人民检察院查封、扣押、冻结、保管、处理涉案财物，应当按照有关规定做好信息查询和公开工作，并为当事人和其他诉讼参与人行使权利提供保障和便利。明确案外人的诉讼权利，规定善意第三人等案外人与涉案财物处理存在利害关系的，人民检察院办案部门应当告知其相关诉讼权利。健全救济机制，规定当事人及其法定代理人和辩护人、诉讼代理人、利害关系人对查封、扣押、冻结不服或对人民检察院关于涉案财物的处理不服的，可以依照有关规定提出申诉或者控告。

对侦监、公诉、控申等办案部门和案件管理部门、纪检监察部门在涉案财物监督管理中的各自监督职责作了明确区分，对不同监督之间的衔接也作了规定。

3 工作措施

各地检察机关结合规范司法行为专项整治工作和本地实际，采取多种形式抓好涉案财物管理工作

一是落实归口管理。实现涉案物品归案管部门统一管理

二是加快保管场所建设。多地建成规范的涉案财物保管场所

三是建立健全相关配套制度。许多地方结合本地工作实际，制定或者修改本地涉案财物管理的实施办法或细则

四是加强专项检查。通过对办案部门查封、扣押、冻结、处理涉案财物专项检查，发现问题，整改落实

加强和规范出庭公诉工作
提高出庭公诉质效

　　2015年6月，最高检印发《关于加强出庭公诉工作的意见》，要求各级检察机关把加强出庭公诉作为公诉工作的龙头，围绕保证庭审在查明事实、认定证据、保护诉权、公正裁判中发挥决定性作用，进一步加强庭前准备工作，强化当庭指控证实犯罪，全面提高出庭公诉质量和效果。

1　总体思路

　　坚持把加强出庭公诉作为公诉工作的龙头来抓，围绕保证庭审在查明事实、认定证据、保护诉权、公正裁判中发挥决定性作用，以进一步加强庭前准备工作为基础，以强化当庭指控证实犯罪为核心，以完善出庭公诉工作机制为保障，全面提高出庭公诉质量和效果，努力让人民群众在每一个司法案件中感受到公平正义。

2　具体措施

加强庭前准备

完善对侦查取证的监督引导制度，积极介入侦查，引导取证

强化庭前证据审查，确保案件质量

完善庭前会议制度并加以合理运用，有效解决管辖、非法证据排除、证人出庭作证等有关争议

加强庭前预测，作好庭审预案和处置应对准备

强化当庭指控证实犯罪和庭外监督

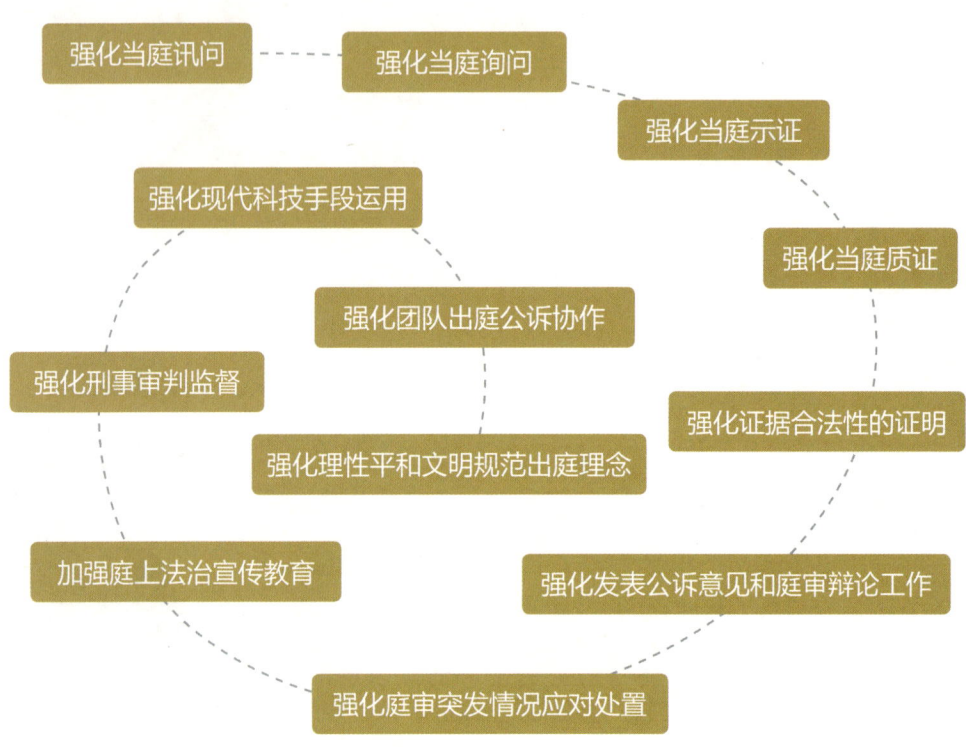

强化当庭讯问

强化当庭询问

强化当庭示证

强化现代科技手段运用

强化当庭质证

强化团队出庭公诉协作

强化刑事审判监督

强化证据合法性的证明

强化理性平和文明规范出庭理念

加强庭上法治宣传教育

强化发表公诉意见和庭审辩论工作

强化庭审突发情况应对处置

保障措施

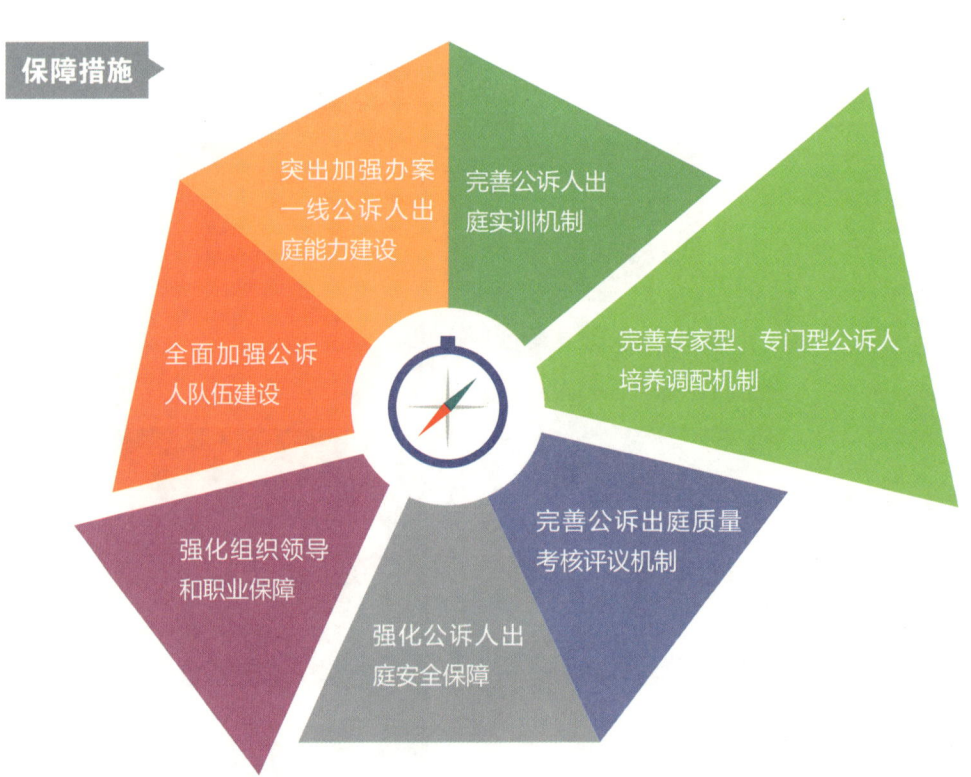

突出加强办案一线公诉人出庭能力建设

完善公诉人出庭实训机制

全面加强公诉人队伍建设

完善专家型、专门型公诉人培养调配机制

强化组织领导和职业保障

完善公诉出庭质量考核评议机制

强化公诉人出庭安全保障

统一业务应用系统
以信息化促规范化

近年来，向信息化要战斗力、以信息化推动检察工作创新发展，逐渐成为各级检察机关的普遍共识。2012年起，最高检在地方检察机关业务软件开发成果的基础上，专门成立系统研发小组，集中研发试行融办案、管理、统计于一体的全国检察机关统一业务应用系统，该系统于2014年1月在全国检察机关上线运行。2015年，统一业务应用系统在全国检察机关得到全面推广，深度利用。

1 主要内容

司法办案全部实现网上办理

全国四级检察机关司法办案信息实现互联互通，所有履行检察业务办理、审批职责的检察人员，都使用统一业务应用系统进行办案、审批工作，促进全员、全面、全程、规范使用

司法办案全部实现网上管理

系统把案件办理的相关要求通过技术手段固化在程序之中，办案人员按照业务流程要求，才可以完成案件的办理工作，使司法办案过程可视、可控、可查。系统设置了记录功能，所有程序运行都会留痕，一个案子，被哪些人关注过，都会有记载可查，监督相关人员严守规范，谨慎操作

办案信息实现网上流转

系统支持案件信息、文书和电子卷宗跨部门、跨院流转，各诉讼阶段的承办人在办理案件、制作文书时，通过系统读取和使用该案件前一诉讼程序的有关信息，减少承办人工作量。尤其是远程文书打印功能，可以通过系统上下级院之间案件报送和相关批复等文书打印，省去人来人往、节约办案成本，为办案活动提供便利，深受各地检察机关特别是新疆、内蒙古、青海、西藏等地区的欢迎

司法办案全部实现网上统计

系统将统计信息的采集与司法办案、流程监控活动有机融合在一起，在办案、管理活动中登记业务信息，数据将实时、按需生成，可以灵活调用的业务信息更为丰富，统计作用的发挥也更加及时、全面、有效

② 规范司法功能

一是规范办案程序

统一业务应用系统把司法规范的"软要求"变成网络运行的"硬约束",要求所有案件都严格按照预设的节点进行办理,使司法办案过程可视、可控、可查。以往存在的一些诸如先采取强制措施后履行审批手续、"借时限"等问题得到较好解决

二是规范文书使用

目前所有的文书都使用标准模板,按办案节点配置。通过在系统内制作审批,统一编号、统一用印,法律文书的使用得到有效管理

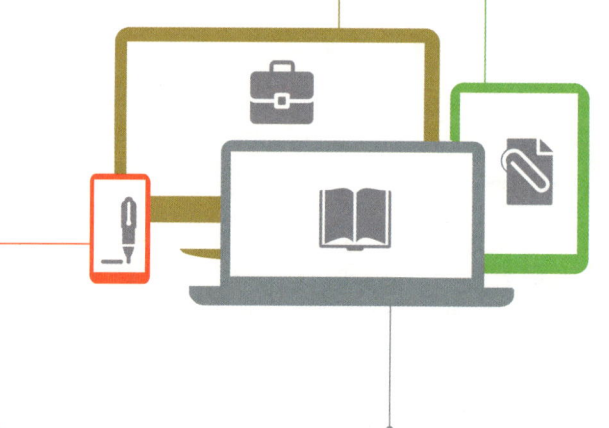

三是规范职责分工

系统通过权限控制,进一步明确办案过程中的职责分工。在权限配置中,充分考虑案件办理各角色的权限需求和保密要求,做到权限与职责相一致,确保办案责任落实,保障工作顺利开展

四是规范信息填录

印发《全国检察机关统一业务应用系统填录标准和说明(试行)》,以法律规定、司法解释为依据,对系统中所有流程项目明确业务含义,设定相关规则,对办案信息登记活动进行指引和控制,加强业务信息监管,保证司法办案活动全面真实地留痕记录,为强化案件管理和业务决策指导,促进规范司法,提供可靠的信息支持

通报反面典型案例
敲响规范司法的"警钟"

近年来，检察机关队伍建设得到不断加强，同时在司法办案中仍然存在一些不规范的突出问题，有的还是久治不愈的"顽症"，严重损害了检察机关司法公信力和社会形象。为深入推进规范司法行为专项整治工作，最高检2015年集中通报了3批33件司法不规范典型案件。

1 **1月14日通报11起检察机关司法不规范典型案件**

河北省河间市检察院副检察长赵永胜、反渎局副局长兼侦查一科科长朱金仲、干警王任珠等人违规扣押涉案财物案	重庆市北碚区检察院侦监科干警李小彬受贿案	山西省寿阳县检察院违规办案导致办案安全事故案
河南省南阳市检察院控申处涉法涉诉案件评查办副主任张永先违反办案纪律案	贵州省惠水县检察院违规办案导致办案安全事故案	内蒙古自治区五原县检察院副检察长梁飞云干预案件办理案
陕西省丹凤县检察院民行检察科科长贺丹斌私自会见案件当事人及其代理人案	上海市浦东新区检察院社区检察处书记员刘一定泄露案件秘密案	辽宁省凌海市检察院反渎局局长郭守信弄虚作假案
	四川省宣汉县检察院驻看守所检察室干警龚刚临滥用职权案	江苏省淮安市淮阴区检察院警务科副科长吴文新徇私枉法案

3月17日通报江苏省检察院原检委会委员、民事行政检察处处长俞大军行贿、受贿、滥用职权等严重违纪违法案。

2 **11月16日通报9起检察人员违法案件和12起检察人员违纪案件**

检察人员违法典型案件	检察人员违纪典型案件
河北省石家庄市赞皇县检察院法警大队原队长杜月明因犯受贿罪、帮助犯罪分子逃避处罚罪，数罪并罚被判处有期徒刑11年零6个月	贵州省黔西南州兴仁县检察院反贪污贿赂局李崇智因违规不移交涉案款物，被给予记过处分
新疆维吾尔自治区于田县检察院公诉处比娅热因犯受贿罪被判处有期徒刑5年，没收非法所得人民币6.75万元	山西省阳泉市检察院刑事执行检察处王俊峰因违规给在押人员捎带物品被给予记大过处分
吉林省检察院行政处孙文成因犯受贿罪被判处有期徒刑11年	辽宁省阜新市检察院反渎职侵权局朱琦因接受吃请馈赠被该院给予警告、记过处分，并被免去反渎职侵权局副局长职务，调离工作岗位
......	......

队伍篇

事业要发展，队伍是根本。

2015年，全国检察机关认真学习贯彻

习近平总书记系列重要讲话精神和中央各项要求，

按照"五个过硬"要求，全力打造一支信念坚定、

司法为民、敢于担当、清正廉洁的检察队伍。

扎实开展"三严三实"专题教育
着力解决"不严不实"问题

深入群众，不尚空谈。2015 年，各级检察机关根据中央的统一部署和要求，进一步巩固和拓展党的群众路线教育实践活动成果，扎实开展"三严三实"专题教育，做到了心中有党不忘恩、心中有民不忘本、心中有责不懈怠、心中有戒不妄为。

1 "五个坚持"

在开展专题教育中，检察机关立足检察工作实际，在"五个坚持"上下功夫：

研制岗位素能标准
在队伍专业化上做文章

　　研制岗位素能标准，是检察机关近年开展的一项重大工作。2015年，检察机关积极借鉴素质能力模型理论研制检察机关岗位素能基本标准，逐步推进其在教育培训、人才管理等方面应用，促进检察队伍专业化建设。

1 背景

2014年3月，最高检制定了《检察机关岗位素能标准研制方案》，明确提出用3年时间建立一套涵盖全国四级检察机关、所有核心岗位的岗位素能基本标准。

2 部署

由最高检自上而下进行规划部署，最高检政治部统筹协调，具体组织实施

由最高检相应业务厅局主持整合，研制本条线的全国标准

将每个业务条线的研制任务，分别交由相关业务厅局及3-4个省级院负责，分头研发

3 进展

2015年2月，举办中期研讨会，各研发组汇报研制进展，总结交流经验，研讨解决问题，统一技术标准

先期10个业务岗位素能标准共形成初稿42份，包括应用指南、研发过程及体例编排说明

最高检分条线印制《检察机关岗位素能标准中期研制成果汇编》10册

截至2015年11月，先期研发的10个业务条线已完成条线专业标准的提炼工作

评选"群众最喜爱的检察官"
集中展现检察队伍优秀形象

2014 年 12 月至 2015 年 2 月，最高人民检察院、中央电视台联合 17 家新闻媒体和网站，启动开展了首届"守望正义——群众最喜爱的检察官"评选表彰活动。通过向全社会讲述司法办案一线检察官的先进事迹，展现检察新形象，传递检察好声音，让人们感受到检察官的满腔忠诚与正义。

1 发起人

主办

最高人民检察院

中央电视台

协办

2 评选原则

突出人民群众的主体地位
坚持以群众满意为标准

3 评选流程

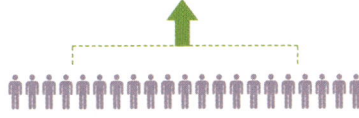

经高检院党组审定并公示无异议后，确定10名
"守望正义——群众最喜爱的检察官"

由全国人大代表、全国政协委员、
最高检特约检察员、专家咨询委员、人民监督员、
媒体负责人、最高检领导及有关部门负责人等组成
的评审委员会，评选出10名"守望正义——群众最
喜爱的检察官"建议人选

全国共有33名候选人进入公众视野，
经网络投票，4600多万名群众参与投票，网络投票、专网点
击率达1.5亿人次，15名候选人进入定评环节

各地推荐候选人

4 链接

　　2015年2月11日，最高人民检察院向全国检察机关和全体检察人员发出号召，以"守望正义——群众最喜爱的检察官"为榜样，用自身过硬素质引领形成风清气正的政治生态，以公正司法的实际行动赢得人民群众的真心喜爱和衷心拥护。

　　2015年5月26日，中共中央宣传部、最高人民检察院在中国网络电视台，向全社会公开发布彭少勇等10位"最美人物——群众最喜爱的检察官"先进事迹。

首届"守望正义——群众最喜爱的检察官"

彭少勇

河北省保定市人民检察院党组副书记、副检察长

刘文胜

江苏省滨海县人民检察院副检察长、反贪污贿赂局局长

王 盛

浙江省台州市人民检察院公诉一处副处长

刘龙清

福建省漳州市人民检察院技术处检察员、副主任法医师

张敬艳

山东省菏泽市人民检察院副检察长兼菏泽市牡丹区人民检察院检察长

程 然（女）

湖北省孝感市孝南区人民检察院党组成员、检察委员会委员

陈运周

湖南省新田县人民检察院原党组副书记、副检察长

童 勤（女）

四川省成都市人民检察院控告申诉检察处处长

陈永洁（女）

青海省格尔木市人民检察院公诉科科长

丁殿勤

新疆维吾尔自治区昌吉州人民检察院党组成员、副检察长

彭少勇
用证据说话的模范检察官

彭少勇，河北省保定市检察院党组副书记、副检察长，一个在犯罪嫌疑人已经"认罪"的情况下，仍抓住疑点不放，直至查获真凶的检察官。假如没有他的决断，一起重大冤错案很可能发生；假如没有他的执着，杀人真凶很可能逍遥法外；假如没有他的坚守，一份应有的正义很可能被掩埋。

1 履历与荣誉

彭少勇，男，汉族，中共党员，1979年参加检察工作。1996年担任河北省易县检察院检察长，后任县委常委、纪委书记。2003年，由河北省定兴县委副书记、纪委书记调任保定市检察院反贪局副局长。现任保定市检察院党组副书记、副检察长。

从事检察工作33年来，彭少勇参与指挥查办了一批在全国和全省有重大影响的案件。曾荣获二等功1次，三等功4次。任保定市检察院反贪局局长期间，该局荣获"全国十佳反贪局"称号。2015年2月11日，荣获首届"守望正义——群众最喜爱的检察官"称号。2015年10月9日，最高检授予彭少勇"全国模范检察官"荣誉称号

2 一案追十年

2005

2005年，彭少勇带队查办航空证券保定营业部原经理、保定市住房公积金管理中心原主任和农业银行新华路分行原行长贪污、挪用公款一案，涉案金额高达5.6亿元，对赃款的追缴工作异常困难。尽管艰难，彭少勇和同事仍追回了3.6亿元

2008

2008年，彭少勇因为工作调整调离反贪岗位，由于该案案情十分复杂，组织上仍然分工由他继续负责案件的后续办理和赃款追缴

2015

7年来，包括他在内的"原班人马"，利用周末、节假日和出差办案的时间跑了十几个省，追缴赃款近2亿元。这些涉案款项大部分是职工住房公积金的委托理财资金，涉及千家万户的切身利益

3 彻查看守所事件

2009

河北保定某看守所发生在押人员死亡事件，死者家属情绪激动，多次上访，在当地产生很大影响。彭少勇受命彻查案件。他驻守办案一线，部署侦查，每天只睡两三个小时，最终查清事实，将罪犯绳之以法

4 依法纠正"王玉雷涉嫌故意杀人"错案

2014年2月18日22时许，河北省保定市顺平县北朝阳村村民王玉雷在回家路上发现一男子躺在地上，旁边有血迹，怀疑死亡，遂拨打"110"报案。随后，公安机关以涉嫌故意杀人罪对王玉雷刑事拘留并提请顺平县检察院批捕

2014年3月18日，检察官提讯王玉雷，发现他右臂打着石膏缠着绷带，且对伤情极力回避。次日，检察官再次提讯王玉雷，经过耐心细致的思想工作，王玉雷翻供称人不是他杀的，是公安机关对其实施非法手段后迫使其作出的供述

由于案情重大，顺平县检察院随即向保定市检察院请示汇报。作为保定市检察院主管副检察长，彭少勇深思熟虑后，从作案时间、有罪供述、现有证据等方面提出质疑。最终，检察院对王玉雷不予批准逮捕

检察机关迅速启动引导侦查机制。彭少勇带领办案干警研究提出9条补充侦查意见，对现场提取的唯一物证——"手套"进行技术鉴定，追查作案工具下落，排查死者与其他人是否存在矛盾等

根据检察机关的补充侦查提纲，公安机关扩大排查范围，提取了13个重点可疑人员的血样进行DNA鉴定，并对案发现场遗留的手套进行鉴定，检测出另外一个人的DNA特征。经比对，认定北朝阳村村民王斌有重大作案嫌疑。王斌迅速被公安机关控制

王斌承认，案发当天他携带U型槽钢，杀害了曾经骚扰其妻的被害人王伟，并将手套遗落在现场

2014年7月7日，公安机关以涉嫌故意杀人罪提请批捕王斌；7月14日，顺平县检察院以故意杀人罪批捕王斌。2015年1月17日，王斌被判处死刑，缓期二年执行

监督篇

打铁还需自身硬。

2015年，全国检察机关牢固树立监督者更要接受监督的理念，

不断强化自身监督，自觉接受人大监督、民主监督和社会监督，

确保检察权在阳光下运行。

办理代表委员议案、建议、提案
加强和改进检察工作

办理好代表委员的议案、建议和提案是检察机关的法定职责，也是检察机关自觉接受监督、紧紧依靠监督，加强和改进检察工作的重要渠道。

1 办理机制

2 办理形式

3 办理情况

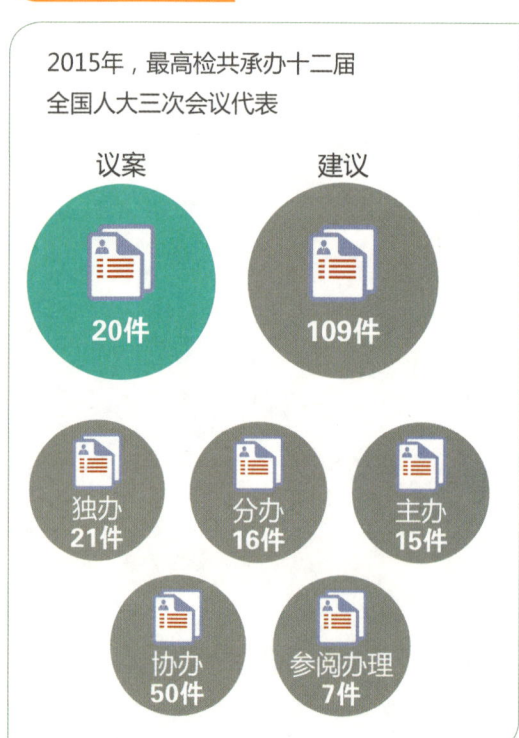

2015年，最高检共承办十二届全国人大三次会议代表

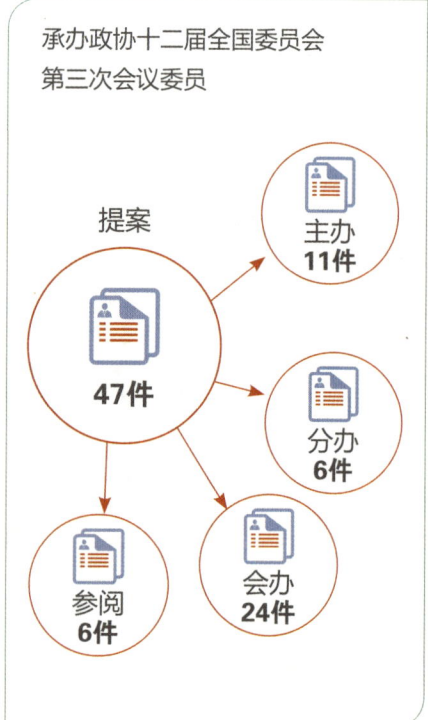

承办政协十二届全国委员会第三次会议委员

加强代表联络工作
为检察工作发展注入活力

　　2015年，检察机关采取多种方式加强与全国人大代表、政协委员、人民监督员等的经常性联系，通过邀请代表委员人民监督员视察、调研、座谈和专网专线联络等多种方式，广泛深入听取意见，为检察工作的良性发展注入活力。

❶ 联络机制

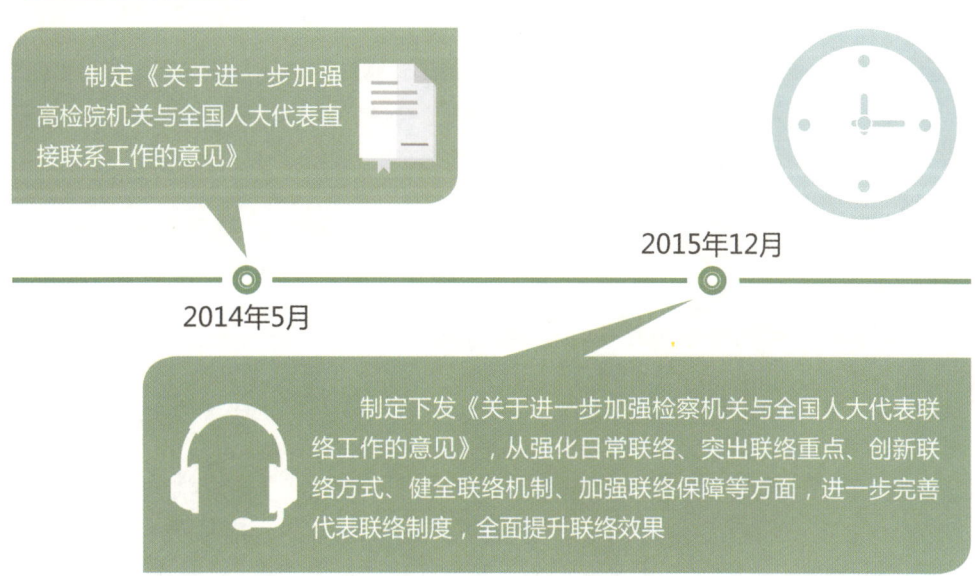

制定《关于进一步加强高检院机关与全国人大代表直接联系工作的意见》

2015年12月

2014年5月

制定下发《关于进一步加强检察机关与全国人大代表联络工作的意见》，从强化日常联络、突出联络重点、创新联络方式、健全联络机制、加强联络保障等方面，进一步完善代表联络制度，全面提升联络效果

❷ 联络内容

办理全国人大代表建议、转交的案件等事项

向全国人大代表反馈其意见、建议、转交案件的办理情况

组织开展走访全国人大代表活动

邀请全国人大代表视察、评议检察工作

向全国人大代表送阅有关资料，通报检察工作主要情况，宣传检察工作

受理全国人大代表对检察工作的批评、意见和建议，以及转交的人民群众的举报、控告和申诉材料

做好同人大代表联系的宣传工作

③ 联络方式

登门拜访、邀请参加座谈会、视察调研、电话联系等

走访中，年均召开座谈会200余次、收到代表建议1000多条

2015年，曹建明检察长先后在北京、吉林、辽宁、河北、江苏、安徽、河南、湖北、广西、云南、甘肃、西藏、新疆等地，邀请全国人大代表和政协委员座谈

每位最高检院领导、检委会专职委员确定3名以上全国人大代表作为直接联系对象，每个内设机构确定1至2个省级代表团进行直接联系

安排各级检察院走访所在地全国人大代表

加强最高检机关与代表的直接联系工作

主动邀请代表视察、调研检察工作

利用信息化手段加强经常性联系

邀请人大代表视察：江苏省检察机关反贪污贿赂工作、安徽省检察机关职务犯罪预防工作、云南省检察机关服务生态文明建设工作、甘肃省检察机关服务"三农"保障民生工作、广东省检察机关规范司法行为工作

专刊：《人民监督》杂志

专线电话：010-65209897

专线网络：人大代表联络专网

手机报：向4800余名代表、委员发送手机报111期

"两微一端"：关注人群和访问数达到3082万余人次

代表视察微信群：建立10个微信群，包括100余名代表

代表联络微信群：25个省份已建立，共360名代表加入

2015年9月，香港特别行政区十二届全国人大代表团一行30余人赴陕西省西安市临潼区检察院视察工作

深化人民监督员制度改革
让外部监督更加科学公正

　　改革人民监督员选任管理方式，由司法行政机关负责人民监督员的选任和培训、考核、奖惩等管理工作，是深化司法改革的一项重要举措。最高检和司法部下发了《关于人民监督员选任管理方式改革试点工作的意见》，并于2014年9月在北京等10个省（区、市）开展人民监督员选任管理方式改革试点工作。

1　人民监督员制度改革历程

2015年12月
曹建明检察长主持召开最高检第十二届第四十六次检察委员会会议，审议通过《关于人民监督员监督工作的规定（审议稿）》

2015年9月
曹建明检察长主持召开最高检司法体制改革领导小组第七次会议，听取和审议《关于人民监督员制度改革进展情况的报告》

2015年2月
中央全面深化改革领导小组审议通过最高检起草的《深化人民监督员制度改革方案》

2014年9月
最高检联合司法部在北京、吉林、浙江等10个省份开展由司法行政机关选任人民监督员的工作试点。最高检同步在上述地区开展人民监督员监督范围和监督程序改革试点

2013年年初
最高检按照中央部署，着手开始人民监督员制度改革的研究论证和各项准备工作

② 人民监督员制度改革工作进展

人民监督员选任管理改革

　　10个试点省份的人民监督员选任工作已全部完成，共选任人民监督员6570名，其中，省级人民监督员853名、市级人民监督员5717名。各地也相继完善了工作机构，争取了专项经费。同时，最高检还配合司法部研究制定了《人民监督员选任管理办法（试行）》，将按程序报批后下发

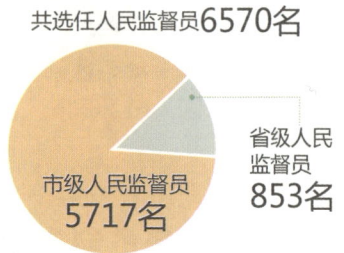

共选任人民监督员6570名

省级人民监督员853名

市级人民监督员5717名

积极开展案件监督

全国

共组织监督案件 3467件

不同意检察机关拟处理意见 115件

检察机关采纳 40件

试点地区

共组织监督案件 1423件

不同意检察机关拟处理意见 37件

检察机关采纳 13件

　　2014年9月试点工作开始以来，全国检察机关共组织监督案件3467件，经监督评议后人民监督员不同意检察机关拟处理意见的115件，检察机关采纳40件。其中，北京等10个试点省份按照新的改革要求，共组织监督案件1423件，人民监督员不同意检察机关拟处理意见的37件，检察机关采纳13件

完善监督程序

　　各试点省级院按照改革要求，结合工作实际，认真研究制定了相关规范性文件，细化、完善监督程序

强化知情权保障

　　各地通过提供查办职务犯罪案件台账供人民监督员查阅、发放人民监督员监督事项告知卡、邀请人民监督员参与执法检查和执法评查等方式，不断探索知情权保障的方式方法

做好改革的各项统筹协调工作

- 配合司法部认真做好《人民监督员选任管理办法（试行）》的研究起草工作
- 对2010年出台的《关于实行人民监督员制度的规定》进行研究修订
- 认真做好统筹协调和对下指导工作
- 及时总结上报改革进展情况，分析研究有关问题

加强特约检察员、专家咨询委员工作
构建检察智囊团

　　加强特约检察员、专家咨询委员工作是检察机关发扬司法民主、自觉接受外部监督的重要形式，也是凝聚各方智慧力量、推动检察工作健康深入发展的重要途径。

1 工作方式

定期筹备召开特约检察员和专家咨询委员座谈会	定期组织特约检察员进行专题调研	每年制定特约检察员和专家咨询委员参加有关检务活动计划	完善特约检察员制度，建立完善专业人才辅助办案、专家咨询制度

2 工作举措

2015年1月	邀请部分特约检察员参加国家赔偿法实施20周年座谈会
2015年7月	邀请部分专家咨询委员参加全国大检察官研讨会和完善人民检察院司法责任制专题座谈会，专门听取对深化检察改革的意见和建议
2015年9月	首次邀请部分特约检察员、专家咨询委员参加最高检对一起故意杀人案的公开审查活动
2015年	组织11名专家咨询委员和特约检察员赴重庆调研规范司法行为专项整治工作，实地考察重庆市检察院第一分院、大渡口区检察院、长寿区检察院和涪陵区检察院等地检察工作
2015年	研究起草了《最高人民检察院特约检察员工作规定》（初稿）和《最高人民检察院专家咨询委员会工作办法》（修订稿）
2014年12月	最高检对各地特约检察员和专家咨询委员工作进行了书面调研，认真总结了全国检察机关近年来开展特约检察员和专家咨询委员工作情况

3 链接

　　《最高人民检察院特约检察员工作规定》（初稿）：明确了担任最高检特约检察员的条件、职责、聘任程序、履职保障，规定了办事机构职责、业务部门应承担的事项等内容。

　　《最高人民检察院专家咨询委员会工作办法》（修订稿）：进一步明确最高检专家咨询委员会的设置、委员聘任、组成结构，细化提请专家咨询的事项及案件范围、提请程序、专题调研以及活动保障等内容。

省级院检察长述职述廉
加强对检察机关"一把手"的管理与监督

省级检察院检察长向最高人民检察院述职述廉报告工作，是加强上级检察院对下级检察院领导干部特别是"一把手"的管理，提高内部监督水平的有效举措。2013年，最高检制定下发了《关于下级人民检察院检察长向上一级人民检察院述职述廉报告工作的规定》。近年来，在最高检的大力主导推动下，这项工作得到了扎实有效开展。

1 **主要内容和步骤**

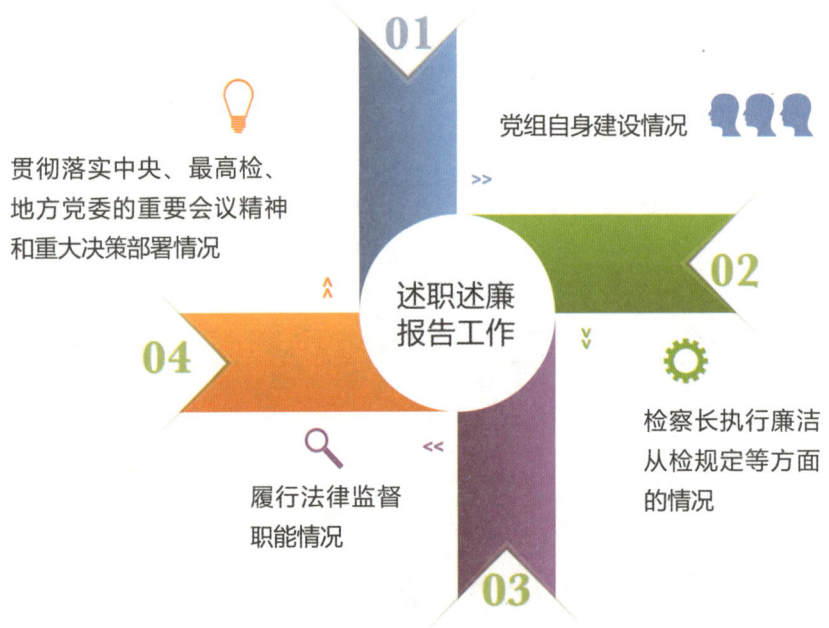

- 01
- 党组自身建设情况
- 贯彻落实中央、最高检、地方党委的重要会议精神和重大决策部署情况
- 述职述廉报告工作
- 02
- 检察长执行廉洁从检规定等方面的情况
- 04
- 履行法律监督职能情况
- 03

述职述廉报告工作主要分为

- 确定述职述廉单位
- 部署准备并审核材料
- 大会述职述廉报告工作和评议
- 反馈和通报评议意见
- 整改落实

❷ 2015年听取8地报告

　　根据《2015年度省级人民检察院检察长向最高人民检察院述职述廉报告工作实施方案》，确定安排内蒙古、吉林、安徽、福建、江西、湖南、广西、新疆等8个省（自治区）检察院检察长述职述廉报告工作。9月7日，最高检向内蒙古等8个省级检察院印发了《实施方案》，明确了述职述廉报告工作的指导思想、主要内容、方法步骤及工作要求等。

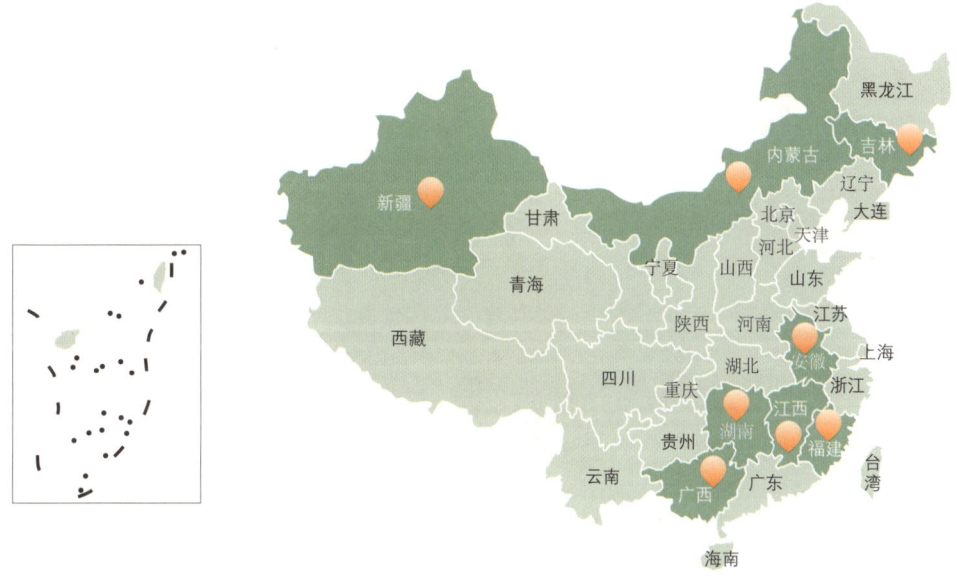

❸ 实施成效

进一步落实宪法和法律有关规定，坚持和完善了最高人民检察院与省级检察院的领导体制

进一步强化和健全了述职述廉报告工作制度

进一步强化和改进了对省级检察院"一把手"的管理与监督

进一步强化和推动了检察工作创新发展

进一步强化和促进了检察队伍建设和党风廉政建设

保障篇

兵马未动，粮草先行。

良好的检务保障是各项检察工作得以顺利开展的重要基石。

2015年，全国检察机关积极推动检务保障规范化、科学化、现代化，

大力实施电子检务工程，加强全方位的教育培训，

并积极发挥科技强检示范院的引领作用，

努力为检察工作发展提供良好的"硬件"和"软件"。

检务保障
夯实依法独立公正行使检察权的物质基础

"保障有力、干警满意"，检务保障是检察机关经费保障和其他物质保障工作的总称，是检察工作不可或缺的重要组成部分，是人民检察院依法独立公正行使检察权的物质基础，也是推动人民检察事业科学发展的重要支柱。

1 检务保障工作会议

2015年12月2日，全国检察机关检务保障工作会议在安徽合肥召开。最高人民检察院检察长曹建明出席会议并强调，在检察工作总体格局中，业务工作是中心，队伍建设是根本，检务保障是基础，三者相辅相成，相互促进，密不可分。

积极稳妥地推进财物省级统管改革，切实提高经费保障水平，进一步完善以预算为重点的经费保障体系

深入实施科技强检战略，建立健全以信息化为重点的科技装备体系

加强检务保障信息化应用，建立健全以检务保障信息系统为重点的智慧检务保障体系

今后五年检务保障工作部署

加强基础设施建设和管理，建立健全以办案用房和专业技术用房为重点的基础设施建设体系

加强管理机制建设，建立健全以内部审计为重点的监督管理体系

深化改革，创新方法，建立健全以满足业务需要和干警需求为重点的服务保障体系

② 检察科技装备展

时间： 2015年8月6日-8月7日

地点： 北京展览馆

展出装备：
查办和预防职务犯罪、法医检验鉴定、图像声像处理和电子物证检验鉴定、远程视频审讯等检察业务技术装

备；检察通信、高清视频会议系统、执法记录仪、信息网络等检察业务综合保障装备；司法警察装备；技术侦查装备及相关办公办案设备等。

参展人员： 主要为各地检察人员。各省检察机关均有代表参加，其中参观人数超过200人的省份有北京、河北、山西、江苏、安徽、江西、河南等7省市，其余各省大多超过百人。最高检机关参观人数超过200人。参观者还包括公安、法院、高校师生及各界技术领域人员。

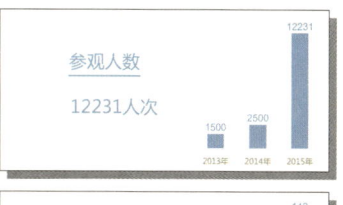

参观人数
12231人次

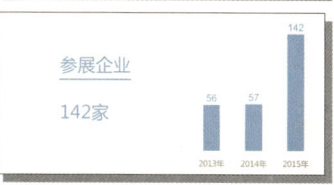

参展企业
142家

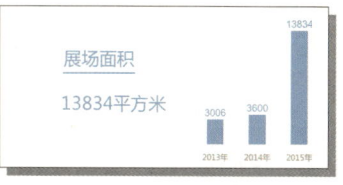

展场面积
13834平方米

展位数量
202个

③ 检务保障信息系统

为加强依法理财、规范用财，提升"互联网＋计财"工作水平，打造"智慧检务保障"，2015年，最高检以电子检务工程建设为契机，加快推进检务保障信息系统建设。目前招标工作已经结束，正式进入研发环节，预计于2016年试运行

电子检务工程
以信息化助推检察工作现代化

　　电子检务工程是实施科技强检战略、推动检察工作科学发展的重大基础性工程。2015年11月19日，最高检召开全国检察机关电子检务工程工作会议，曹建明检察长要求，检察机关主动顺应大数据时代要求，积极推进电子检务工程建设。

1 电子检务

　　电子检务，是国家电子政务工程的重要组成部分，是基于信息技术而创立的新型检察工作模式。最高检在充分研究论证的基础上，明确提出建设电子检务工程的重大战略，实施电子检务工程就是实现检察信息化规划和顶层设计的落地。

2 目标任务

　　到2017年年底以前，建成覆盖全国四级检察机关的司法办案、检察办公、队伍管理、检务保障、检察决策支持、检务公开和服务等六大平台，形成以需求为主导、以业务为主线、以网络为基础、以应用为核心、以安全为保障的检察信息化综合体系，实现对检察工作全面全程规范化、网络化、智能化的管理，并实现与有关部门的信息资源共享和实时交换。

③ 六大平台建设

1 坚持以统一业务应用系统为基础和核心，完善司法办案信息平台

2 完善队伍教育管理信息平台，推动过硬检察队伍建设

3 拓展案件信息公开系统公开的范围、种类和方式，完善检务公开和"一站式"办事服务信息平台

4 推进检察办公信息平台建设，实现检务综合办公、检察档案管理现代化

5 推进检务保障信息平台建设，提升检务保障现代化水平

6 推进检察决策支持平台建设，实现检察工作决策数据化、可视化和科学化

④ 建立四个体系

建立责任落实体系，各级检察机关特别是省级院"一把手"要亲自抓，靠前指挥、主动工作，同步推进电子检务工程的制度建设

建立支持保障体系，加强与相关部门的沟通，争取理解支持

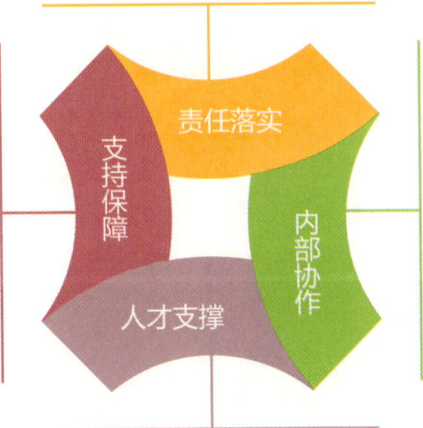

建立内部协作体系，强化上级院领导指导责任，加强各级院信息部门与业务、计财、保密安全及其他部门的沟通协调、需求对接

建立人才支撑体系，抓紧逐步配备自己的必要的研发、运维、管理人员，加快培养专家型检察技术信息人才和学科带头人，更加重视解决中西部和贫困地区检察信息化人才紧缺问题

科技强检示范院评选
发挥"领头羊"示范效应

2014年8月至2015年4月，最高检先后制定下发了《科技强检示范院创建办法（试行）》、《科技强检示范院创建工作实施方案》，部署开展全国科技强检示范院创建活动。通过评比，更好地发挥了科技强检示范院的引领作用，全面推进了科技强检战略向纵深发展。

1 创建评审过程

2011年9月，最高检印发了《"十二五"时期科技强检规划纲要》，决定开展科技强检示范院创建活动。最高检检察技术信息研究中心起草了《科技强检示范院创建办法（试行）》，于2014年8月下发执行

2015年4月，最高检下发《科技强检示范院创建工作实施方案》，全国各级检察机关严格按照方案要求，积极开展科技强检示范院创建活动，并从组织领导和机制建设、科技强检基础设施建设、科技强检应用和成效、科技强检管理和队伍建设4个大项70多个子项，全面梳理总结科技强检的各项工作，在网上进行了申报

2015年11月，最高检从全国各级院抽调专家组成考评组，严格遵照程序、标准及"考评工作十不准"，对所申报的检察院客观公正、实事求是地进行了网上评审和实地考察。根据网上评审和实地考察结果，有144个院被授予科技强检示范院荣誉称号，5个院检察技术信息化单项工作成绩突出受到表彰

2 创建工作成效

创建工作的开展，极大地调动了各级检察机关实施科技强检战略的积极性和主动性，在全国范围内掀起了学科技、用技术的热潮，将科技强检工作推上了一个新台阶。

进一步深化了各级院党组和院领导对科技强检工作的认识，增强了推进科技强检战略的紧迫感和主动性

各级检察技术和信息化部门以创建评审活动为契机，解决了一系列制约检察技术和信息化工作发展的重点和难点问题

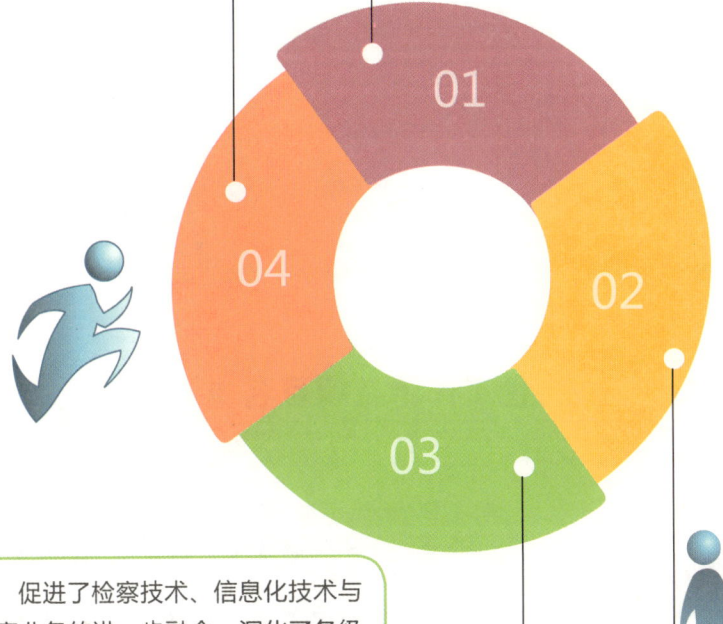

促进了检察技术、信息化技术与检察业务的进一步融合，深化了各级检察人员对检察技术和信息化工作在所属业务条线中地位和作用的认识，提升了检察工作的科技化水平

这次科技强检示范院创建工作为各级检察机关深入推进科技强检战略提供了思路、方向和抓手，解决了各级检察机关科技强检工作如何抓、抓什么的具体问题

❸ 科技强检示范院达标单位名单（部分）

宁夏回族自治区人民检察院

北京市人民检察院

四川省人民检察院

内蒙古自治区人民检察院

海南省人民检察院

辽宁省人民检察院

湖南省人民检察院

浙江省人民检察院

湖北省人民检察院

安徽省人民检察院

山东省人民检察院

❹ 科技信息化单项特色工作示范项目名单

江苏省宜兴市检察院：数字化侦查综合信息查询系统

江苏省宿迁市检察院：职务犯罪侦查智能指挥系统

山东省昌乐县检察院：电子证据实验室项目

河南省开封市检察院：法医人类学项目

陕西省榆林市榆阳区检察院：电子证据实验室项目

检察教育培训
打通检察官成长成才快速通道

"干一行、爱一行、快速成长起来顶一方。"检察教育培训为全国检察机关干警的快速成长成才打开了一扇窗，因地制宜的培训内容、便捷有效的培训，使各项培训工作顺利开展，有效锻造了检察队伍。

❶ 检察机关特色培训基地建设

最高检现已批复成立国家检察官学院分院30所，形成了涵盖全国27个省（区、市）的培训机构体系。

2010年12月，最高检确定了北京、吉林、广东检察院的3个培训机构为全国检察机关公诉、职务犯罪侦查和民事行政检察业务技能实训基地。经过几年的试点运行，形成了独特的专业特色和品牌，为建设特色基地提供了有益的实践经验和借鉴。2015年，最高检启动了特色培训基地建设工作。

最高检制定下发了《全国检察机关特色培训基地建设意见》，2015年确定了首批3个特色培训基地，到2018年，计划建成15个左右特色培训基地。

每种业务类别的特色基地，在全国范围内一般不超过4个。业务特色突出和培训能力强的省级培训基地可以申报多个特色专业

特色基地分为检察实务和队伍建设两大类

建设要求

种类

数量

方法

地域

特色基地采用指导建设、审核验收的方法进行，特色基地的建设重点是开展特色专业培训

力争在各大区板块均有相应的、数量适当的特色基地。加强对西部和民族地区特色基地建设的指导和扶持

② 西藏新疆成立国家检察官学院分院

■ 目标：从推动西藏、新疆检察工作科学发展出发，推动双语检察人才培养，着力建设专业化、职业化的高素质检察队伍

■ 时间：2015年1月29日，最高检批复成立国家检察官学院新疆分院暨全国检察机关维汉双语培训基地

9月15日，全国检察机关藏汉双语培训基地和国家检察官学院西藏分院在西藏林芝揭牌。最高人民检察院检察长曹建明出席揭牌仪式

③ 检察教育培训讲师团赴西部巡讲

■ 从2009年开始，最高检连续7年选派优秀教师、检察业务专家、业务骨干组成讲师团，自带经费赴西部12省区开展现场教学，培训当地检察人员，并每年资助每个受援省区10万元检察教育培训经费

■ 2015年7月下旬，最高检组成第七批全国检察教育培训讲师团。讲师团于7月20日至8月5日赴西藏、甘肃、新疆三级检察机关的22个地级院、101个基层院培训授课，行程15000多公里，累计授课424学时，通过视频授课、实训教学、座谈答疑、互动研讨等方式共培训检察人员12305人（次）

巡讲
亮点

建立"互联网+巡讲支教"模式，实现巡讲支教的高效化。建立了"关注西部 巡讲支教"微信群，采用"互联网+巡讲支教"的形式，利用微信平台在线备课，共同研究教学方案

科学设计培训流程，提升巡讲支教实效性。巡讲组每到一个巡讲点，都先与当地检察人员进行座谈，找准当地检察业务发展中最迫切需要解决的问题和检察人员最希望学习的知识，对课程内容和授课方式进行及时调整

跟班指导，实地考评巡讲效果。结合开展西藏新疆检察教育培训工作和双语人才培养调研，对西藏和新疆地区的巡讲支教情况进行跟班指导，及时了解掌握巡讲的实际情况

❹ 检察教育培训精品课程建设

为增强检察教育培训的针对性和实效性，2015年，检察机关进一步推动精品课程建设工作，使检察教育培训工作更加贴合检察实际，突出检察特色，符合检察人员成长成才规律。

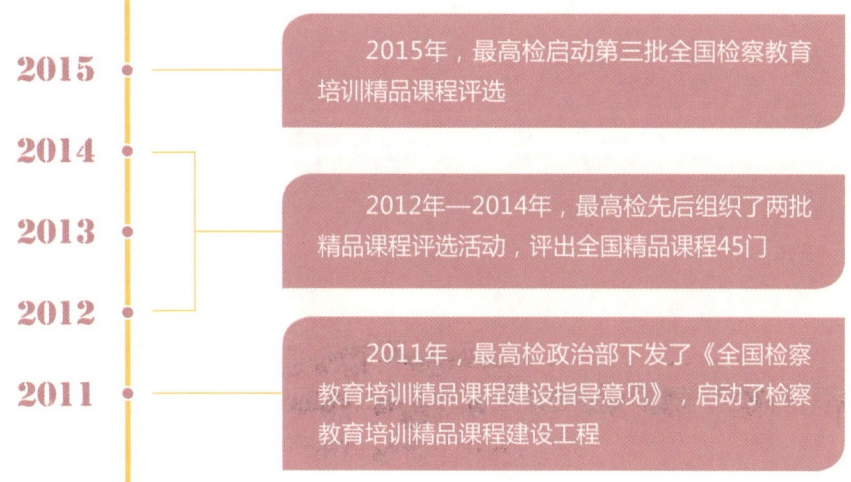

2015

2014

2013

2012

2011

2015年，最高检启动第三批全国检察教育培训精品课程评选

2012年—2014年，最高检先后组织了两批精品课程评选活动，评出全国精品课程45门

2011年，最高检政治部下发了《全国检察教育培训精品课程建设指导意见》，启动了检察教育培训精品课程建设工程

图书在版编目（CIP）数据

图说检察：一图读懂检察工作 . 2015 / 最高人民检察院新闻办公室编 . -- 北京：中国检察出版社，2016.1

ISBN 978-7-5102-1598-8

Ⅰ . ①图… Ⅱ . ①最… Ⅲ . ①检察机关－工作概况－中国－ 2015 －图解 Ⅳ . ① D926.3-64

中国版本图书馆 CIP 数据核字 (2016) 第 013767 号

图说检察·2015
一图读懂检察工作

出版发行：中国检察出版社

社　　址：北京市石景山区香山南路 111 号　(100144)

网　　址：中国检察出版社（www.zgjccbs.com）

编辑电话：(010) 88960622

发行电话：(010) 68650015　68650016　68650029

经　　销：新华书店

印　　刷：中煤（北京）印务有限公司

开　　本：880mm×1230mm　16 开

印　　张：10.625

字　　数：224 千字

版　　次：2016 年 1 月第一版　2016 年 1 月第一次印刷

书　　号：ISBN 978-7-5102-1598-8

定　　价：60.00 元